ORIENTACIÓN

básica para recién

CONVERTIDOS

Wilfredo Calderón

Vida

DEDICADOS A LA EXCELENCIA

© 2001, EDITORIAL VIDA
Miami, Florida 33166

© 1994 por Wilfredo Calderón

Diseño de cubierta: *Jannio Monge*
Diseño de interior: *Art Services*

Reservados todos los derechos

Todas las citas bíblicas son tomadas de
la Santa Biblia Nueva Versión Internacional,
Sociedad Bíblica Internacional, excepto que se
indique la versión empleada.

ISBN 0-8297-3427-9

Categoría: *Vida cristiana/Discipulado*

Impreso en Estados Unidos de América
Printed in the United States of America

04 05 06 07 ◆ 07 06 05 04 03 02

Contenido

Dedicatoria

Dedico esta obra, con sincero amor y respeto, a todos los pastores, obreros y líderes que se esfuerzan decididamente, no solo por traer a los perdidos a Cristo sino también por conservarlos en el reino de Dios.

Agradecimiento

Al Señor de la mies quien, por medio de su revelación escrita, me asignó la tarea de preparar este instrumento de conservación.

A mi esposa, Maryblanca, y mi hija, Martha, quienes me ayudaron de manera oportuna y acertada en las lecturas de prueba y la mecánica para que este trabajo viera la luz; a David Villanueva, quien me ayudó a seleccionar mucho del material de ejercicio y repaso para cada sección de los nueve capítulos de esta edición; y a usted, por adquirir y leer esta obra, para luego, como es de esperarse, reaccionar de alguna manera. ¡Un millón de gracias!

Prólogo

Dos cuadros bíblicos que ilustran la llegada de una persona recién convertida a la iglesia son el regreso del hijo pródigo a la casa de su padre y el acto de la adopción de un hijo por parte de una familia. En ambos casos, el hijo recién llegado se encuentra entre la alegría de poder integrarse a una familia y el temor de no ser bien recibido por sus nuevos familiares.

En la urgente tarea de la iglesia de ganar a los perdidos para Cristo y conservarlos dentro de la familia de Dios se han dado casos en que el recién convertido no se siente cómodo y se ve en peligro de querer volverse atrás. Es ahí donde se hace indispensable que, tanto los líderes de la iglesia como los creyentes que forman la congregación, abran su corazón y sus brazos para recibir a los nuevos miembros de la familia cristiana y guiarlos a un desarrollo rápido y sólido. Por no hacerlo así, las iglesias se convierten en meras estaciones de tránsito, a donde los pasajeros llegan, se detienen momentáneamente y luego siguen su marcha interminable en busca de hogar espiritual.

Orientación básica para recién convertidos es un manual que ha probado ser un instrumento de bendición para pastores y miembros. Aquí se da el ABC de la vida cristiana, con énfasis destacado en áreas tan importantes como la caída del hombre, la conversión, el nuevo nacimiento, la obra del Espíritu Santo, el lugar del bautismo en agua, la importancia de ser miembro de la iglesia, la preparación para las pruebas, el desarrollo de la vida familiar, el estudio de la Palabra de Dios y otras actividades para el discipulado y el servicio cristiano.

Orientación básica para recién convertidos sale a la luz a petición de centenares de pastores que notan la ausencia de manuales fáciles y al mismo tiempo sólidos en este aspecto de la conservación de la cosecha. Los nueve capítulos están divididos en secciones que terminan con una serie de instrumentos de repaso y consolidación del aprendizaje. El libro se presta para ser leído y aprovechado por el creyente nuevo, pero mucho más efectivo será si se usa como manual de estudio para las primeras nueve semanas de preparación de nuevos miembros.

Aunque el enfoque central del libro es hacia los recién convertidos, los creyentes de cierta edad espiritual también pueden beneficiarse mucho con su lectura. Algunos hermanos, a pesar de estar asistiendo a los servicios y ser ya miembros regulares, todavía necesitan afianzar las primeras etapas del conocimiento práctico de la Biblia y la vida cristiana. También les servirá como guía hacia una mejor actitud y mayor preparación para ayudar a sus hermanos menores en el Señor.

Todo esto, y mucho más, puede lograrse con un manual tan sencillo, pero a la vez tan abundante en recursos espirituales como este. Pero para ello, solicitamos la aceptación bondadosa y el compromiso decidido de los cristianos que deseen crecer en el Señor y ayudar a otros a hacer lo mismo. ¡Que el Señor, en su bondad infinita, quiera usar este nuevo recurso para su gloria y bendición de su pueblo!

El autor

Usted ya es una nueva criatura en Cristo

«Por lo tanto, si alguno está en Cristo, es una nueva creación. ¡Lo viejo ha pasado, ha llegado ya lo nuevo!»
(2 Corintios 5:17).

Introducción

La salvación del ser humano es un milagro realizado por Dios cuando el pecador responde al llamamiento divino del evangelio (Juan 3:36). Por la gracia de Dios, usted oyó y aceptó este llamado, por lo tanto, ha pasado de muerte a vida eterna. En este primer capítulo usted podrá ver lo que dice la Biblia acerca del origen del hombre y su caída en el pecado. Verá también cómo el mensaje de Dios conduce al pecador al arrepentimiento y lo lleva por fe a una total conversión. Al experimentar la regeneración y el nuevo nacimiento, el recién convertido se constituye en hijo de Dios. Esto produce un gozo inefable por la liberación del pecado y la presencia del Espíritu Santo.

I. Origen del hombre y su estado pecaminoso

A. ¿Qué sabe usted acerca del origen del hombre?

1. *La teoría de la evolución.* Distintas teorías han tratado de explicar el origen del hombre y su estado actual en el mundo. Entre las más recientes está la de la evolución materialista. Esta enseña que el ser humano desciende de una línea interminable de animales, desde la primera célula viviente hasta el hombre desarrollado de hoy.

2. *Fallas y falsedad de esta teoría.* El mayor problema de esta teoría es que no atribuye a Dios el origen de la vida sino que supone un desarrollo como obra de la casualidad y el tiempo. Los que enseñan esto tienen la intención de negar a Dios o relegarlo a un lugar casi inoperante. «Dice el necio en su corazón: "No hay Dios." Están corrompidos, sus obras son detestables; ¡no hay uno solo que haga lo bueno!» (Salmos 14:1).

B. ¿Qué enseña la Biblia al respecto?

La narración bíblica de la creación del ser humano es la única información fundamental aceptable porque presenta la revelación que Dios dio al hombre sobre el acto creador. La Biblia claramente dice que «Dios creó al ser humano a su imagen; lo creó a imagen de Dios» (Génesis 1:27). «Y Dios el SEÑOR formó al hombre del polvo de la tierra, y sopló en su nariz hálito de vida, y el hombre se convirtió en un ser viviente» (Génesis 2:7).

Que el ser humano fue creado directamente por la mano de Dios es algo que se puede probar con las siguientes evidencias:

1. *Es la única información autorizada.* «¡Sólo tú eres el SEÑOR! Tú has hecho los cielos, y los cielos de los cielos con todas sus estrellas... la tierra y el mar con todo lo que hay en ellos» (Nehemías 9:6). Todas las demás explicaciones se basan en meras teorías que jamás podrán ser confirmadas.

2. *Fue aceptada y corroborada por Jesús.* «—¿No han leído —replicó Jesús— que en el principio el Creador "los hizo hombre y mujer"?» (Mateo 19:4).

3. *El humano no es obra de la casualidad.* El ser humano en su totalidad: cuerpo, alma y espíritu, es una obra especial que demuestra haber sido diseñada por una mente perfecta y desarrollada por una mano poderosa. «Él nos hizo, y somos suyos» (Salmos 100:3).

4. *El humano es un ser espiritual.* El hombre mismo está consciente de que no es solo materia sino que hay en él un espíritu que no pudo haberse originado por sí solo. Hay en el corazón humano un vacío espiritual que solo puede ser lleno con la gracia y el amor de Dios.

C. ¿Cómo sucedió la caída del hombre?

1. *Satanás provocó duda y rebelión en los primeros seres humanos.* A pesar de que Dios hizo al hombre a su imagen en cuanto a carácter y personalidad, y aunque le dio todas las instrucciones necesarias, el ser humano se rebeló contra su Creador. Desde el principio de la historia, el hombre fue rebelde y desobediente a la voluntad de su Creador.

2. *En Adán todo el género humano pecó.* Desde que Adán y Eva pecaron y fueron echados del huerto del Edén, la vida humana ha sido una constante oposición a los propósitos de Dios. El asesinato de Abel a manos de su hermano Caín fue el principio de una historia de violencia, odio y dolor. La palabra de Dios declara que no hay diferencia, por cuanto todos pecaron, y están destituidos de la gloria de Dios (Romanos 3:23).

3. *¿Cómo se manifiesta el pecado en cada ser humano? En ese estado pecaminoso, el ser humano complace sus apetitos, sus instintos y vicios carnales y se olvida de sus necesidades espirituales.* El apóstol Pablo hace una lista de todos esos hechos carnales. «Las obras de la naturaleza pecaminosa se conocen bien: inmoralidad sexual, impureza y libertinaje; idolatría y brujería; odio, discordia, celos, arrebatos de ira, rivalidades, disensiones, sectarismos y envidia; borracheras, orgías, y otras cosas parecidas. Les advierto ahora, como

antes lo hice, que los que practican tales cosas no heredarán el reino de Dios» (Gálatas 5:19-21).

D. ¿Cómo se siente la persona en esta condición?

1. *Se siente esclavizada.* El pecado hace que la persona se sienta prisionera y enredada en esas cosas que sabe que no le convienen, pero que no puede dejar. Esto se ha comprobado en los casos de alcoholismo, el tabaco, las drogas y los desórdenes sexuales.

2. *Siente vergüenza y quisiera huir (Juan 3:19).* El individuo, cuando está hundido en el cieno del pecado, siente vergüenza porque sabe que está haciendo lo incorrecto. Jesús dijo que «todo el que hace lo malo aborrece la luz, y no se acerca a ella por temor a que sus obras queden al descubierto» (Juan 3:20).

3. *Vive en frustración.* Finalmente, la persona que se ha corrompido en el pecado sufre una pérdida de fe y esperanza. Piensa que ya es demasiado tarde para volverse de su mal camino. Algunos acaban suicidándose, como Judas Iscariote. Otros se endurecen, como los de Éfeso. «Algunos se negaron obstinadamente a creer, y ante la congregación hablaban mal del Camino. Así que Pablo se alejó de ellos» (Hechos 19:9).

E. ¿Qué papel desempeña el evangelio en estos casos?

El evangelio es el mensaje que Cristo encomendó a los cristianos para alcanzar aun a los más lejanos y extraviados. Esas buenas nuevas de salvación pueden llegar de diversas maneras: por medio de folletos evangelísticos, evangelización personal, sermones desde el púlpito, enseñanza bíblica, milagros de distintas clases y lectura de la Biblia. ¿Cómo llegó a usted el mensaje del evangelio?

E X A M E N   D E   R E P A S O

Responda, escribiendo en cada línea la palabra «Falso» o «Verdadero», según lo explicado:

1. _____ La Biblia enseña que el hombre desciende de una línea interminable de animales.

2. _____ Las teorías humanas acerca del origen del hombre han sido confirmadas.

3. _____ El ser humano se ha revelado contra su Creador.

4. _____ El pecado hace que la persona se sienta libre y segura.

5. _____ Dios hizo al hombre a su imagen en cuanto a carácter y personalidad.

P A R A   R E F L E X I O N A R

Discuta con otros, o escriba las ideas que le surjan:

1. ¿En qué cree usted que el hombre se parece a Dios?

2. ¿Qué puede hacer usted para parecerse más a Dios?

II. La conversión es una experiencia maravillosa

A. ¿Cómo ilustra la Biblia la conversión?

Usted acaba de pasar por una experiencia maravillosa y transformadora. Su vida de pecado solo le trajo ruina y dolor. Pero al recibir a Jesucristo como su Salvador, su ser entero fue transformado por el poder del Espíritu Santo. Este cambio se ilustra en la Biblia con algunas figuras.

1. *Es un encuentro.* El caso del hijo pródigo ilustra la conversión por medio de la experiencia de este hombre que anduvo perdido, pero volvió al hogar. El hombre vaga lejos de Dios y destruye todo lo que ha recibido de él (Lucas 15:13-16). Pero «por fin recapacitó», regresó a su padre y recibió perdón y vida eterna.

2. *Es una resurrección.* Otro cuadro que ilustra la conversión del pecador es la experiencia de uno que resucita de la muerte. Jesús dijo: «El que oye mi palabra y cree al que me envió, tiene vida eterna y no será juzgado, sino que ha pasado de la muerte a la vida» (Juan 5:24). El apóstol Pablo también se refirió a esto: «En otro tiempo ustedes estaban muertos en sus transgresiones y pecados» (Efesios 2:1).

B. ¿Quién realiza el acto de la conversión?

La conversión es un cambio total en la vida del hombre por el cual deja de vivir en el pecado y viene a ser salvo. Es un acto tanto divino como humano.

1. *Es la obra directa de Dios.* La conversión es un acto divino, ejecutado por Dios al transformar el estado del hombre. El salmista dijo que la palabra de Dios «convierte el alma» (Salmos 19:7, RVR60). Jeremías dijo: «Hazme volver, y seré restaurado; porque tú, mi Dios, eres el SEÑOR» (Jeremías 31:18).

2. *Es un acto que se realiza tras la respuesta humana.* Por otra parte, la Biblia enseña que es el pecador el que tiene que convertirse. «vuélvanse a mí de todo corazón» (Joel 2:12). El apóstol Pedro dijo en su sermón en Jerusalén: «Para que sean borrados sus pecados, arrepiéntanse y vuélvanse a Dios» (Hechos 3:19).

C. ¿En qué consiste la conversión?

1. *El primer paso es el arrepentimiento.* La palabra «arrepentimiento» viene de la palabra griega *metanoia*, que significa: «cambio de mentalidad». Ese cambio en la mentalidad del pecador viene cuando este se da cuenta de que vive en el error y que la ira de Dios esta sobre él. Arrepentirse es descubrir que se va caminando en sentido equivocado, dar media vuelta, y dirigirse hacia el punto correcto. No puede arrepentirse el que no aborrece el pecado en que se encuentra. La palabra de Dios es el espejo que nos hace ver lo malo y nos ayuda a corregirlo. Las palabras de Jesús indican la urgencia del arrepenti-

miento: «Todos ustedes perecerán, a menos que se arrepientan» (Lucas 13:3).

2. *El otro elemento es la fe.* El segundo factor indispensable para la conversión es la fe. Los tres ingredientes de la fe son: el conocimiento, la confianza y la acción. Nadie puede tener fe en lo que no conoce. La fe que conduce a la conversión y a la salvación, es otorgada divinamente y se recibe sobre la base del conocimiento de la Palabra de Dios. Pablo dijo que «Así que la fe viene como resultado de oír el mensaje, y el mensaje que se oye es la palabra de Cristo» (Romanos 10:17).

3. *¿De dónde viene la fe? La fe salvadora viene de Dios, pero tiene que desarrollarse en el corazón del hombre que oye la Palabra, la acepta con confianza y actúa, seguro del cumplimiento de cada promesa.* El arrepentimiento obliga a abandonar el camino malo, la fe nos ayuda a seguir el camino de vida eterna, que es Cristo. «En realidad, sin fe es imposible agradar a Dios, ya que cualquiera que se acerca a Dios tiene que creer que él existe y que recompensa a quienes lo buscan» (Hebreos 11:6).

D. *Analice lo que sucedió en usted*

No todos tenemos la misma experiencia a la hora de nuestra conversión, pero los resultados siempre son los mismos: un arrepentimiento genuino de la vida pecaminosa y un acercamiento sincero a Dios por la fe. Sin embargo, cada persona viene al Señor de manera distinta. Los primeros convertidos a Cristo fueron unos pescadores de Galilea que oyeron el llamamiento y decidieron seguir al Señor. No se dice que estos hayan presentado resistencia (Mateo 4:19-20). En cambio, recordemos los espectaculares incidentes en torno a la conversión del intelectual Natanael (Juan 1:45-49), o la de Saulo de Tarso, el perseguidor de la iglesia (Hechos 9:3-6).

¿Cómo sucedió la conversión suya? ¿Cómo empezó a reconocer su condición pecaminosa? ¿Cómo empezó a surgir en usted la fe que lo condujo a Cristo? Hay muchas maneras de indicar que uno recibe a Jesús como su Salvador: levantando la mano, poniéndose de pie, pasando al frente, o simplemente abriendo su corazón para aceptar el regalo de la salvación. La forma externa no tiene ninguna importancia. Lo esencial es sentir la necesidad de ser salvo y acudir al único que puede salvar. «De hecho, en ningún otro hay salvación, porque no hay bajo el cielo otro nombre dado a los hombres mediante el cual podamos ser salvos» (Hechos 4:12).

E. ¿Se siente usted perdonado de sus pecados?

1. *¿Se siente agradecido? La única forma de escapar del castigo que merecen nuestros pecados es acogiéndonos al perdón divino.* ¿Se acuerda usted de alguna ocasión en su niñez en que esperaba con angustia el castigo de parte de sus padres por alguna travesura, un descuido, o por no haber cumplido con alguna tarea encomendada? ¿Alguna vez le perdonaron una falta? ¿Cómo se sintió? Dios en su amor nos perdonó y envió a Jesucristo su Hijo a morir en nuestro lugar.

2. *¿Siente el descanso de haber confesado sus pecados? En la experiencia de la conversión, el pecador reconoce su condición, se aparta del pecado y acude por fe a Dios para confesarle sus faltas e implorar su perdón.* La Biblia dice: «Quien encubre su pecado jamás prospera; quien lo confiesa y lo deja, halla perdón» (Proverbios 28:13). Jesús dijo: «—Esto es lo que está escrito —les explicó—: que el Cristo padecerá y resucitará al tercer día, y en su nombre se predicarán el arrepentimiento y el perdón de pecados a todas las naciones» (Lucas 24:46-47).

3. *No piense más en sus pecados pasados.* Si usted le confesó sus pecados al Señor, y sinceramente se arrepintió, él lo perdonó; ahora, viva tranquilo y no piense más en su estado antiguo. «¡Lo viejo ha pasado, ha llegado ya lo nuevo!» (2 Corintios 5:17). El Señor le dice: «Yo soy el que por amor a mí mismo borra tus transgresiones y no se acuerda más de tus pecados» (Isaías 43:25).

E X A M E N   D E   R E P A S O

Complete cada oración, basado en lo que se ha explicado:

1. La conversión se puede ilustrar con las figuras de una _____ y un _____.

2. La conversión es un _____ total en la vida del hombre.

3. El arrepentimiento es un cambio de _____.

4. Arrepentirse es descubrir que se camina en sentido _____, dar _____ y dirigirse al punto correcto.

5. Los tres ingredientes de la fe son: el _____, la _____ y la _____.

P A R A   R E F L E X I O N A R

Analice y amplíe las ideas del siguiente párrafo:
Algunos saben que han pecado contra Dios, pero no pasan de allí; estos están lejos de arrepentirse. Otros saben que han pecado contra Dios y se sienten muy mal por ello, pero no hacen nada por remediar su situación. Eso no es más que remordimiento. En cambio, hay quienes saben que han pecado contra Dios, se sienten mal por ello, dan media vuelta, regresan a Dios y le piden perdón.

III. La regeneración ha hecho de usted un hijo de Dios

A. ¿Cuándo tiene lugar la regeneración?

La Biblia usa el término «regeneración» para referirse al nuevo estado de la persona convertida. Algunos se preguntan qué sucede primero, si la conversión o la regeneración. Uno podrá preguntarse si puede ser regenerado un hombre no convertido, o si puede convertirse uno que no haya experimentado la regeneración. Lo cierto es que estas cosas se verifican en el creyente simultáneamente. En otras palabras, en el momento en que usted recibió el mensaje y se arrepintió de sus pecados vino a Cristo por la fe y se operó en su vida ese cambio llamado conversión. En ese mismo instante Dios le impartió nueva vida haciéndolo renacer en Cristo.

B. ¿Qué diferencia hay entre la regeneración y el nuevo nacimiento?

1. *Hay que entender el significado y uso de los términos.* La diferencia entre estos dos términos es de tipo teológico, pero en la práctica ambos se refieren a la misma obra que realiza el Espíritu Santo al impartir vida nueva al pecador arrepentido. Por otro lado, hay creyentes que también le dan a la palabra «regeneración» el sentido de «vida santa»; como cuando se dice: «es necesario que te regeneres». Pero ese no es el sentido del Nuevo Testamento.

2. *La regeneración.* Este acto divino se compara con una limpieza interna. «Nos salvó mediante el lavamiento de la regeneración y de la renovación del Espíritu Santo» (Tito 3:5). El apóstol Juan habla de este acto divino como de un engendro espiritual. «Mas a cuantos lo recibieron, a los que creen en su nombre, les dio el derecho de ser hijos de Dios. Éstos no nacen de la sangre, ni por deseos naturales, ni por voluntad humana, sino que nacen de Dios» (Juan 1:12,13). De modo que bien podemos decir que: «La regeneración es el acto por el cual el Espíritu Santo engendra una nueva naturaleza en el ser humano». En otro pasaje del Nuevo Testamento se presenta como el acto de sembrar la semilla de la palabra en el corazón humano. «El que recibió la semilla que cayó en buen terreno es el que oye la palabra y la entiende. Éste sí produce una cosecha» (Mateo 13:23).

3. *El nuevo nacimiento.* Esta obra divina es el acto por el cual

aquello que ha sido engendrado sale a la luz y lo que ha sido sembrado brota y empieza a dar señales de vida. Jesús habló de la necesidad de nacer de nuevo. «Quien no nazca de nuevo no puede ver el reino de Dios» (Juan 3:3). «Quien no nazca de agua y del Espíritu, no puede entrar en el reino de Dios» (Juan 3:5). Usted recibió una nueva naturaleza por medio de la regeneración y nació a una nueva vida por medio del nuevo nacimiento. ¡Ahora es una nueva creación en Cristo! (2 Corintios 5:17).

C. ¿Sabía usted que ahora es un hijo de Dios por adopción?

La Biblia usa el bello cuadro de la adopción de un hijo para ilustrar la nueva posición que ocupa el creyente dentro de la familia de Dios. La adopción es el acto por el cual una persona recibe como hijo propio a uno que no lo es, confiriéndole todos los derechos y obligaciones de esa relación. En el Nuevo Testamento se explica con esa figura la forma en que el pecador convertido y regenerado pasa a ocupar el lugar de hijo de Dios. Pablo escribió a los cristianos: Ustedes recibieron «el Espíritu que los adopta como hijos y les permite clamar: "¡*Abba!* ¡Padre!*" El Espíritu mismo le asegura a nuestro espíritu que somos hijos de Dios» (Romanos 8:15,16).

Esta es suficiente razón para estar gozosos, ya que después de ser enemigos de Dios hemos venido a ser hijos suyos por medio de Jesucristo (Efesios 1:5). ¿Está disfrutando usted esta relación con su Padre celestial? En esto consiste la plenitud de la salvación: salir del abandono y la miseria de la vida mundana para entrar a la casa de Dios y disfrutar de la abundancia de bienes espirituales y materiales que él nos quiere dar.

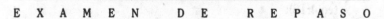

EXAMEN DE REPASO

Trate de dar una definición para cada término, según lo que se ha explicado:

1. Regeneración:

2. Nuevo nacimiento:

3. Adopción:

P A R A   R E F L E X I O N A R

Una cosa es ser criatura de Dios y otra ser hijo de Dios.
Criatura es todo ser viviente (Salmos 100:3); Hijos solo son los que creen en él y le reciben (Juan 1:12). Usted ya recibió a Jesucristo como su único y suficiente Salvador. ¿Ya es hijo de Dios?

IV. ¿Cuánto durará el gozo que hay en su corazón?

A. *¿Qué razones hay para sentirse gozoso?*

La alegría que una persona disfruta en su nueva vida solo se puede comparar con el gozo que había en el corazón de Lázaro después de su resurrección, o la alegría del hijo pródigo cuando estaba de nuevo en casa de su padre. (Vea Juan 11:43,44 y Lucas 15:22-24). Podemos señalar las siguientes razones:

1. *Es un descanso emocional y moral.* Usted siente como si una pesada carga hubiese caído de sus hombros. Jesús invita amablemente diciendo: «Vengan a mí todos ustedes que están cansados y agobiados, y yo les daré descanso» (Mateo 11:28).

2. *Es una iluminación intelectual y espiritual.* Ahora le halla nuevo sentido a la vida, porque ha recibido luz: «el pueblo que habitaba en la oscuridad ha visto una gran luz; sobre los que vivían en densas tinieblas, la luz ha resplandecido» (Mateo 4:16).

3. *El Espíritu Santo produce gozo inefable.* La razón del gozo espiritual es la presencia del Espíritu Santo en su vida. Esto hace que usted sienta una felicidad que nunca había experimentado. Jesús comparó esta bendición con un torrente de

agua: «De aquel que cree en mí, como dice la Escritura, brotarán ríos de agua viva» (Juan 7:38).

4. *Ahora hay un canto nuevo en su corazón.* El salmista David disfrutaba de esa felicidad: «Puse en el SEÑOR toda mi esperanza; él se inclinó hacia mí y escuchó mi clamor. Me sacó de la fosa de la muerte, del lodo y del pantano; puso mis pies sobre una roca, y me plantó en terreno firme. Puso en mis labios un cántico nuevo, un himno de alabanza a nuestro Dios» (Salmos 40:1-3). Los cantos y coros cristianos alegran el corazón porque se refieren a la victoria espiritual, la libertad del pecado, el amor divino y humano y la esperanza de la gloria eterna.

5. *Sus relaciones han mejorado.* La comunión con todos los cristianos abre una nueva puerta en las relaciones humanas. El intercambio de ideas, las nuevas amistades y la oportunidad de participar en distintas actividades: convenciones, campamentos, excursiones, etcétera, son cosas que producen un gozo muy peculiar al cristiano.

B. *¿Teme usted que este gozo se termine?*

Cierto hermano, al testificar del gozo que había en su corazón dijo: «Tengo temor de que este gozo que siento llegue a desaparecer con el transcurso del tiempo y vuelva a mí la tristeza y la depresión en que me encontraba antes.» Si usted ha pensado en esto mismo, considere cuidadosamente las siguientes declaraciones:

1. *El plan de Dios es eterno.* Usted ha recibido «vida eterna» (Juan 3:16); ha sido llamado según «la sabiduría de Dios, en toda su diversidad», y «conforme a su eterno propósito realizado en Cristo Jesús nuestro Señor» (Efesios 3:10-11).

2. *El Señor continuará la obra que inició en usted.* «Estoy convencido de esto: el que comenzó tan buena obra en ustedes la irá perfeccionando hasta el día de Cristo Jesús» (Filipenses 1:6).

3. *La palabra de Dios es eterna.* «La hierba se seca y la flor se marchita, pero la palabra de nuestro Dios permanece para siempre» (Isaías 40:8).

4. *Sea firme en su decisión.* Cuando usted aceptó a Jesucristo no lo hizo provisionalmente. Si es fiel al voto que hizo, el gozo y la alegría que Cristo trajo a su vida deben ser permanentes e ir aumentando, en lugar de desaparecer.

5. *Las circunstancias no pueden acabar con su felicidad.* Las pruebas, los problemas, las malas actitudes de algunos cristianos, las enfermedades y todo lo que el enemigo ponga a su paso es temporal. Mientras confíe en un Dios eterno, crea en la Palabra eterna y esté consagrado al propósito eterno, el gozo jamás se apartará de usted.

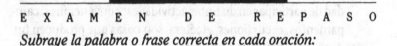

E X A M E N   D E   R E P A S O

Subraye la palabra o frase correcta en cada oración:

1. El gozo de haber nacido de nuevo se puede comparar con lo que sintió: Mateo/ Lázaro/ Juan/ Judas cuando resucitó de la muerte.

2. También se puede comparar con la alegría de: el hijo pródigo/ el centurión/ la sirofenicia.

3. La primera razón del gozo es que: una pesada carga le ha sido quitada/ un instrumento musical sonaba muy bien/ se le ha ofrecido dinero.

4. La mayor razón del gozo es: la amistad de los demás creyentes/ la presencia del Espíritu Santo/ la música.

P A R A   R E F L E X I O N A R

La duración del gozo espiritual en su vida está asegurada por las promesas de Dios. Ahora, todo depende de la manera en que

usted se afirme en ellas. Escriba dos promesas de Dios y dos su-
yas para que su gozo no termine.
Dios promete:
(a)
(b)

Yo prometo:
(a)
(b)

CAPÍTULO 2

Ahora necesita crecer espiritualmente

«Por lo tanto, abandonando toda maldad… deseen con ansias la leche pura de la palabra, como niños recién nacidos. Así, por medio de ella, crecerán en su salvación» (1 Pedro 2:1,2).

Introducción

En el capítulo anterior vimos lo que sucedió en su vida en el momento en que usted creyó y recibió a Jesucristo en su corazón. En ese instante usted nació de nuevo. Ahora consideraremos cómo puede empezar a crecer espiritualmente. Así como en la vida natural un recién nacido tiene que empezar a alimentarse inmediatamente después de que ve la luz, en el ámbito espiritual, el recién convertido debe ser atendido tan pronto como nace de nuevo.

Hay ciertos elementos que producen un crecimiento normal en el recién convertido. Entre ellos destacan la oración, la alabanza, la adoración, la presencia del Espíritu Santo, la Palabra de Dios y mucho ejercicio espiritual.

I. La oración y la adoración a Dios son actos esenciales

A. *¿Qué es lo primero que hace un recién nacido?*

1. *El recién nacido llora para despejar su sistema respiratorio.*
   Es normal que tan pronto como nace una criatura empiece a llorar. Tan necesario es el primer llanto que en muchos casos hay que provocarlo. Explican los pediatras que cuando el recién nacido llora despeja y fortalece su sistema respiratorio. La respiración espiritual del cristiano se estimula con esa actitud emotiva que a veces provoca llanto de gozo en la persona que acaba de encontrarse con Jesús. Es cierto que «el llorar no salva», pero, ¿por qué reprimir la santa emoción de sentirse con vida nueva?

2. *El segundo impulso del bebé es exigir alimento.* El   llanto del niño es una segura indicación de que tiene hambre o cualquier necesidad. Esta es una perfecta ilustración de la manera en que el creyente empieza a dar señales de que necesita alimentarse espiritualmente. Jesús dijo: «Pidan, y se les dará; busquen, y encontrarán; llamen, y se les abrirá» (Mateo 7:7). La oración natural, la que brota del alma, la que expresa a Dios los verdaderos sentimientos y necesidades, es la que el Señor oye y responde. La oración y la Palabra de Dios son los principales alimentos del recién convertido.

B. *¿Cómo debemos orar?*

1. *La fraseología de la oración.* Las palabras y el estilo de su lenguaje no son de primordial importancia para el creyente en su comunicación con Dios. Ya dijimos que lo importante de la oración es poder comunicar a Dios las necesidades del cuerpo y del alma. En la oración privada no tiene que preocuparse por las palabras que use. Lo esencial es tener fe y hablarle al Señor con confianza. Así como los padres interpretan y entienden el llanto de su bebé, aun cuando este no sabe pedir, también el Señor nos oye y nos entiende. Jesús dijo que no

era necesario repetir oraciones aprendidas. «Y al orar, no hablen sólo por hablar como hacen los gentiles... porque su Padre sabe lo que ustedes necesitan antes de que se lo pidan» (Mateo 6:7,8). Poco a poco irá usted perfeccionando sus expresiones en la oración; pero, por el momento, ore a Dios en el nombre de Jesucristo, hablándole y pidiéndole como a un padre, a una madre o a un amigo.

2. *La postura física en la oración.* La postura es aun menos importante que las palabras en la oración. No cabe duda de que la posición de rodillas es la que aparenta más humildad. Pero en realidad, el Señor «mira el corazón»; por lo tanto, escuchará la oración de fe, ya se haga de rodillas, de pie, sentados, o en la cama.

C. ¿*Existen varios tipos de oración?*

Con el transcurso del tiempo usted se irá dando cuenta de que hay una variedad de tipos de oración. Esencialmente la oración es la misma: el creyente se dirige a Dios en adoración, agradecimiento, alabanza, súplica o testimonio. Pero según el propósito y las circunstancias se practica diferentes estilos de oración.

1. *La oración de confesión.* Esta es la que uno hace en el momento en que acude a Cristo para confesarle sus pecados, pedirle su perdón e invitarlo a entrar en su corazón. Muchas veces, esta primera oración se hace con la ayuda del predicador o uno de los consejeros de altar.

2. *La oración privada.* Esta es la que el creyente hace a solas, ya sea en casa, en un lugar apartado, en el trabajo o en cualquier circunstancia en que se crea necesaria. Usted debe acostumbrarse a esta clase de oración. En ella puede expresarle al Señor todo lo que haya en su corazón.

3. *La oración familiar.* Aunque esta es un poco más formal, siempre conserva la privacidad del hogar, ya sea en los momentos devocionales o cuando se da gracias por los alimentos.

4. *La oración colectiva.* Esta es la que se hace durante los servicios y actividades de la iglesia. Es recomendable nombrar a alguien para dirigir esta oración congregacional. En este caso se debe usar una fraseología general y bien pronunciada. Recuerde que muchos, en lugar de unirse al que dirige la oración se dedican a oírla, ya sea para aprender, ser edificados, o criticar.

5. *Oración por los enfermos.* Es preferible orar por los enfermos en un lugar aparte. Cuando se ora en un hospital o en un lugar público, hágase uso de mucha sabiduría y cuidado.

6. *Oración de testimonio.* Esta es la que se hace para actos especiales y ceremonias públicas fuera de la iglesia. Normalmente, estos actos los dirige el pastor.

D. *¿En qué consiste la adoración?*

Adorar es rendir alabanza, tributo y gloria a nuestro Dios. Considere los siguientes modos de adoración y procure practicarlos a medida que vaya madurando espiritualmente. Si no lo ha hecho, empiece ahora mismo.

1. *Se adora con cánticos.* Adore al Señor con canciones de alabanza y gratitud. Obtenga un himnario y participe en la alabanza (Salmos 150; Colosenses 3:16).

2. *Se adora leyendo la Palabra de Dios.* Adore a través de la lectura de los salmos, los evangelios y porciones especiales. Meditar en lo que Dios nos dice en su santa Palabra es una parte esencial de la adoración cristiana (Salmos 1:2).

3. *Adoramos cuando hablamos con el Señor en oración.* Adore por medio de la oración humilde y sencilla que ensalza y glorifica el nombre del Señor (2 Crónicas 7:3; Isaías 6:3; Mateo 6:9-13).

4. *Adoramos a Dios cuando le damos de lo nuestro.* Adore a Dios con sus diezmos y ofrendas, esa es una manera de demostrarle su amor (Proverbios 3:9; 2 Corintios 9:7). Lo que damos en la iglesia debe ser usado para proclamar el evangelio y ayudar a los necesitados.

E X A M E N   D E   R E P A S O

Conteste cada punto escribiendo en cada línea la palabra «Falso» o «Verdadero», según lo que se ha dicho:

1. _____ La oración es la respiración espiritual del cristiano.

2. _____ La fraseología y la postura no son de primordial importancia en la oración.

3. _____ La oración tiene que ser aprendida.

P A R A   R E F L E X I O N A R

Más que las palabras que usamos o la postura en que estamos al orar, a Dios le interesa que hablemos con él con fe. «Sin fe es imposible agradar a Dios, ya que cualquiera que se acerca a Dios tiene que creer que él existe y que recompensa a quienes lo buscan» (Hebreos 11:6).

Relacione las declaraciones.

Ponga en cada línea de los cinco puntos la letra que representa cada una de las oraciones a la derecha:

1. ___ Salmos 150   a) Rendir alabanza, tributo y gloria a Dios

2. ___ Mateo 6:9-13   b) Adorar por medio de canciones de alabanza y gratitud

3. ___ 2 Corintios 9:7   c) Adorar diezmando y ofrendando

4. ___ Adoración   d) Adorar meditando en la Palabra de Dios

5. ___ Salmos 1:2   e) Adorar por medio de la oración humilde

P A R A   R E F L E X I O N A R

Abel, de sus primicias trajo una ofrenda al Señor (Génesis 4:4). Abraham estaba dispuesto a ofrendar a su hijo, pero Dios libró a Isaac de la muerte (Génesis 22:9-18). David no quiso darle a

*Dios una ofrenda que no le costara nada (1 Crónicas 21:23-27).
¿Qué le ha dado usted al Señor?*

II. Dé lugar al Espíritu Santo en su vida

A. *El Espíritu Santo y el crecimiento del cristiano.*

1. *Como nuestro Abogado.* Cuando Jesús estaba a punto de ascender al cielo y separarse corporalmente de sus discípulos les prometió que enviaría al Espíritu Santo como el «otro Consolador para que los acompañe siempre» (Juan 14:16). La palabra «Consolador» viene del término griego *paracleto,* con el cual se designaba a un abogado, un consejero, un maestro o cualquiera que estuviera cuidando y ayudando a alguien.

2. *Como nuestro Ayudador.* El Espíritu Santo ha sido dado a los creyentes como un Ayudador constante. Todo lo que usted tiene que hacer en las dificultades y pruebas de la vida es orar al Señor para que lo llene y lo guíe con su santo Espíritu. Pero recuerde que para que él haga eso, usted tiene que ser sensible y obediente, y dar lugar para que él actúe y le ayude, incluso en la adoración (Gálatas 4:6).

B. *La obra del Espíritu Santo en el cristiano*

1. *Lo sella.* Usted recibió el sello del Espíritu como propiedad de Cristo en el momento en que creyó: «Cuando oyeron el mensaje de la verdad, el evangelio que les trajo la salvación, y lo creyeron, fueron marcados con el sello que es el Espíritu Santo prometido» (Efesios 1:13).

2. *Lo ayuda a orar.* «No sabemos qué pedir, pero el Espíritu mismo intercede por nosotros con gemidos que no pueden expresarse con palabras» (Romanos 8 :26).

3. *Lo guía a la verdad.* Él «les enseñará todas las cosas y les hará recordar todo lo que les he dicho» (Juan 14 26). «Él los guiará a toda la verdad» (Juan 16:13). Él inspiró a los escrito-

res de la Biblia y también ilumina y guía a los creyentes para que la estudien, la entiendan y la practiquen.

4. *Le da fuerza para vencer al enemigo.* «No será por la fuerza ni por ningún poder, —sino por mi Espíritu —dice el SEÑOR Todopoderoso» (Zacarías 4:6).

5. *Le da victoria sobre los impulsos de la carne.* «Porque si ustedes viven conforme a ella, morirán; pero si por medio del Espíritu dan muerte a los malos hábitos del cuerpo, vivirán» (Romanos 8:13).

C. *¿Qué más recibe el creyente del Espíritu Santo?*

1. *El bautismo.* Jesús bautiza en el Espíritu Santo a todo aquel que cree y busca esta experiencia. «Juan bautizó con agua, pero dentro de pocos días ustedes serán bautizados con el Espíritu Santo» (Hechos 1:5). «Él los bautizará con el Espíritu Santo y con fuego» (Mateo 3:11).

2. *Los dones.* El Espíritu Santo administra los dones espirituales. «Hay diversos dones, pero un mismo Espíritu.... Todo esto lo hace un mismo y único Espíritu, quien reparte a cada uno según él lo determina» (1 Corintios 12:4,11).

3. *Los frutos.* El Espíritu Santo produce frutos que hacen más útil y agradable la vida del creyente. «El fruto del Espíritu es amor, alegría, paz, paciencia, amabilidad, bondad, fidelidad, humildad y dominio propio» (Gálatas 5:22 23).

E X A M E N   D E   R E P A S O

Lea en su Biblia los siguientes pasajes y anote brevemente lo que, según ellos, hace el Espíritu Santo en el creyente:

1. Efesios 1:13

2. Romanos 8:26

3. Juan 14:26

4. Zacarías 4:6

5. Romanos 8:13

P A R A   R E F L E X I O N A R

«No será por la fuerza ni por ningún poder, —sino por mi Espíritu —dice el SEÑOR Todopoderoso» (Zacarías 4:6).
¿Está usted tratando de hacerlo todo con sus propias fuerzas, sin dar lugar a que el Espíritu Santo obre en su vida? Pruebe a orar y dejar que él le guíe y le dé la victoria.

III. Usted necesita alimentarse bien para crecer

A. ¿Con qué se alimentaba su mente antes de su conversión?

1. *Con ideas vanas y pecaminosas.* Antes de entregar su vida a Cristo, la persona alimenta su pensamiento con cosas vanas y hasta morbosas. Las novelas y revistas pornográficas, conversaciones maliciosas, ideas de carácter inmoral, bromas indecentes, chistes maliciosos, palabras obscenas o de doble sentido y pensamientos vagos o malos, son cosas que solo sirven para estimular actos malos y actitudes pecaminosas.

2. *Su vocabulario era vano y ofensivo.* Jesús reprobó este tipo de vocabulario: «Pero yo les digo que en el día del juicio todos tendrán que dar cuenta de toda palabra ociosa que hayan pronunciado. Porque por tus palabras se te absolverá, y por tus palabras se te condenará» (Mateo 12:36,37). Mentiras y palabras vanas ya no deben oírse de labios de un cristiano por tres razones: porque no honran a Dios; no edifican a los que las oyen y degradan la personalidad del que las usa. Una palabra es la encarnación de una idea, pero también es el material que sirve de base al pensamiento. Por lo tanto, si se siembran buenas palabras se cosecharán buenos pensamientos.

B. Ahora debe nutrirse con las siguientes provisiones espirituales:

1. *La Palabra de Dios.* La Biblia nos ha sido dada como alimen-

to esencial para nutrir y fortalecer nuestros corazones. La persona inconversa se siente motivada a usar palabras obscenas e imaginar actos maliciosos; en cambio, el cristiano alimenta su pensamiento y se siente motivado a lo bueno con la lectura y meditación de la Palabra de Dios. Ella es para el creyente: (a) Leche espiritual. «Deseen con ansias la leche pura de la palabra, como niños recién nacidos. Así, por medio de ella, crecerán en su salvación» (1 Pedro 2:2). (b) Pan de vida. «Escrito está: No solo de pan vivirá el hombre, sino de toda palabra de Dios» (Lucas 4:4, RVR60). (c) Miel celestial. «¡Cuán dulces son a mi paladar tus palabras! ¡Son más dulces que la miel a mi boca!» (Salmos 119:103). (d) Agua viva. «El que beba del agua que yo le daré, no volverá a tener sed jamás, sino que dentro de él esa agua se convertirá en un manantial del que brotará vida eterna» (Juan 4:14).

Los devocionales, los cultos, los sermones, la Escuela Dominical y los estudios especiales le permiten al creyente alimentarse con la Palabra de Dios.

2. *La comunicación con Dios.* Entre los recursos espirituales que más sustentan el alma sobresale la oración. Los grandes hombres de Dios, y aun Jesús en su vida terrenal, encontraron refugio y fortaleza en los momentos de oración. Cuando uno se siente débil y está a punto de desmayar, la oración le devuelve el vigor espiritual y le da confianza para seguir adelante. «Oren sin cesar» (1 Tesalonicenses 5:17).

3. *La comunión con los demás cristianos.* En la mayoría de los casos, uno va a la iglesia y se encuentra con Jesús a través de la amistad con algunos hermanos. Es bueno seguir cultivando ese compañerismo porque mucho se aprende en las conversaciones con creyentes más maduros en el Señor. Así como los amigos de antes nos llenaban la mente con sus ideas, sus tendencias y hasta sus supersticiones, los amigos en Cristo pueden enriquecernos con lo que saben y hacen. La mejor manera de ilustrarlo quizá sea la parábola de la vid. Cristo es el tronco y todos nosotros somos ramas que nos

comunicamos la savia espiritual para poder llevar fruto (Juan 15:1-5). También aprendemos mucho en la analogía de la iglesia con el cuerpo humano. Ningún miembro puede estar separado de los demás porque solo vive a base de la alimentación que da la corriente sanguínea (1 Corintios 12:27).

E X A M E N   D E   R E P A S O
Marque con una «x» la frase que no corresponde:

1. Antes de venir al Señor, la persona inconversa se nutre mentalmente con: (a) novelas, (b) revistas pornográficas, (c) relojes, (d) chistes.

2. El vocabulario del no cristiano consiste de: (a) palabras vanas, (b) definiciones filosóficas, (c) Palabras ofensivas, (d) mentiras.

3. Las provisiones con las que el cristiano debe alimentarse espiritualmente son: (a) la prensa escrita y televisada, (b) la Palabra de Dios, (c) la comunicación con Dios en oración, (d) la comunión con los hermanos en la fe.

IV. El ejercicio espiritual acelera el crecimiento en el Señor

A. ¿Qué piensa usted de un niño que no camina ni juega?

El desarrollo de los músculos y el buen funcionamiento de los distintos órganos del cuerpo dependen tanto de la buena alimentación como del ejercicio físico. Un niño inmóvil nunca se desarrolla. Lo mismo sucede en la vida cristiana. Los que creían en Cristo en los días del Nuevo Testamento eran llamados discípulos. Discípulo no es el que se queda en casa aprendiendo de memoria los dichos y las ideas da su maestro, sino el que lo sigue y le obedece en todo. Citemos algunos ejemplos:

1. *De pescadores a ganadores de almas.* Los cuatro primeros discípulos pescaban en el mar de Galilea cuando el Señor los llamó. «Al instante dejaron las redes y lo siguieron» (Mateo 4:18-22).

2. *De banquero a predicador y escritor cristiano.* Pasando por la ciudad vio a Leví, un oficial del banco de impuestos, «Sígueme —le dijo Jesús. Y Leví se levantó, lo dejó todo y lo siguió» (Lucas 5:27,28).

3. *De fariseo enemigo a apóstol de Jesucristo.* Cuando Saulo de Tarso se convirtió al Señor en el camino a Damasco, «él, temblando y temeroso, dijo: Señor, ¿qué quieres que yo haga? Y el Señor le dijo: Levántate y entra en la ciudad, y se te dirá lo que debes hacer» (Hechos 9:6, RVR60).

4. *El Señor quiere que usted se ocupe en algo.* ¿Qué ha hecho usted desde que entregó su corazón al Señor? ¿Se levantó, y fue a preguntar qué tenía que hacer? No se quede inactivo. Levántese y únase a los que sirven al Señor.

B. ¿Qué ejercicios se recomiendan para un recién convertido?

1. *Asistencia a todas las reuniones de la iglesia.* Recuerde que la predicación, las clases bíblicas, el compañerismo cristiano y el ejemplo de los más maduros en el Señor son bendiciones que solo se reciben a través de las actividades de la iglesia. Eso también le servirá para identificarse con el pueblo de Dios.

2. *El testimonio público.* El caso de la mujer samaritana es uno de los más ilustrativos del gozo y satisfacción que produce el hablar a otros de nuestra experiencia de salvación. «La mujer dejó su cántaro, volvió al pueblo y le decía a la gente: —Vengan a ver a un hombre que me ha dicho todo lo que he hecho. ¿No será éste el Cristo? ...Muchos de los samaritanos que vivían en aquel pueblo creyeron en él por el testimonio que daba la mujer» (Juan 4:28-29,39). Usted no tiene que tener tanto conocimiento para hablar a otros del Señor. Para empezar basta con su experiencia.

3. *Participación en los trabajos y actividades de la iglesia.* Más tarde, cuando usted ya sea un miembro oficial de la iglesia podrá participar de todas las actividades ministeriales. Por el momento, ofrezca su ayuda en las cosas prácticas y en los proyectos de la congregación. Hable con los oficiales de la iglesia para que lo tomen en cuenta. Dígales que usted quiere colaborar en la extensión del reino de Dios.

4. *Generosidad en la ofrenda y los diezmos.* Abra su corazón y dé lo que pueda para la obra del Señor. No somos salvos por lo que damos, sino que damos porque somos salvos. El dar es un ejercicio de generosidad que engrandece el corazón del creyente.

E X A M E N   D E   R E P A S O
Complete cada oración, escribiendo en las líneas las palabras que hagan falta:

1. La _____ es la leche espiritual del cristiano.

2. La Biblia nos exhorta a _____ sin cesar (1 Tesalonicenses 5:17)

3. Muchos creyeron en Cristo por el _____ de la samaritana (Juan 4:28,29,39).

4. La Biblia nos exhorta a no dejar de _____ (Hebreos 10:23-25).

5. Pagar los _____ y dar _____ son ejercicios de generosidad que engrandecen el corazón del creyente.

P A R A   R E F L E X I O N A R

En la guerra espiritual, se necesitan armas espirituales. Lea Efesios 6:10-20, descubra las partes de la armadura de Dios y comprométase con él a usarlas en su vida de servicio a Dios.

CAPÍTULO 3

Prepárese para su bautismo en agua

«Por tanto, vayan y hagan discípulos de todas las naciones, bautizándolos en el nombre del Padre y del Hijo y del Espíritu Santo» (Mateo 28:19). «Les dijo: "Vayan por todo el mundo y anuncien las buenas nuevas a toda criatura. El que crea y sea bautizado será salvo"» (Marcos 16:15,16).

Introducción

El bautismo en agua no es parte del acto salvador, pero sí es un paso de obediencia y un testimonio público de la experiencia interna de la salvación. Su conversión ha hecho de usted una nueva criatura, y le ha conferido el don de la vida eterna, de acuerdo con las declaraciones de Cristo (Juan 3:16,36) y del apóstol Pablo (Romanos 10:13). Si usted muriera hoy, antes de recibir el bautismo en agua, no perdería su salvación, porque nadie es salvo por sus obras, sino por aceptar el regalo de vida en Cristo Jesús (Efesios 2:9).

Sin embargo, si voluntariamente descuida y desobedece la ordenanza del bautismo, puede perder lo que ha recibido, porque «Así que comete pecado todo el que sabe hacer el bien y no lo hace» (Santiago 4:17). Por eso, es muy importante que usted sepa qué es el bautismo, por qué se va a someter a él y cómo sacar el mayor provecho espiritual de esta bella experiencia.

I. En qué consiste y qué significa el bautismo en agua

A. *¿Cómo se originó la doctrina del bautismo en agua?*

1. *Antecedentes en el Antiguo Testamento.* La figura del bautismo en agua puede hallarse en los lavamientos requeridos por la ley judaica a los sacerdotes y al pueblo de Israel (Éxodo 30:20; Levítico 16:26; Números 19:8). Los profetas también hablaron de lavamientos (Isaías 1:16; Zacarías 13:1). Las normas judías para aceptar prosélitos incluían ciertos ritos de purificación parecidos al bautismo.

2. *Antecedentes en Juan el Bautista.* En el hogar del anciano sacerdote Zacarías y su esposa Elizabet nació Juan, en respuesta a la oración de sus padres (Lucas 1:5-13,57,66). Este vino como un vocero de Dios y precursor de Jesucristo (Mateo 3:1,3; Juan 1:26-27). Por revelación directa de Dios (Lucas 3:2) fue por toda la región del Jordán «predicando el bautismo de arrepentimiento para el perdón de pecados» (Lucas 3:3). Su mensaje central era: «Arrepiéntanse, porque el reino de los cielos está cerca» (Mateo 3:2). Las multitudes acudían, a él (Mateo 3:5; Marcos 1:5). Pero él explicó claramente que su papel consistía en anunciar la llegada de Jesús (Mateo 3:11; Marcos 1:7; Lucas 3:16; Juan 1:26,27).

3. *El bautismo de Jesús.* Jesús mismo vino de Galilea a Juan para ser bautizado, pero no porque tuviera que arrepentirse de pecados, sino para identificarse con el pueblo, cumplir con la justicia divina y darnos ejemplo de obediencia (Mateo 3:13 15). Además, ese se convirtió en el acto de inauguración del ministerio público terrenal de Jesús. En ese momento Juan concluyó su ministerio, al presentar a Jesús, el Cordero de Dios (Juan 1:29-34; 3:28-30).

4. *Es un mandato claro y autoritativo de Jesús.* A pesar de los antecedentes ya descritos, la doctrina del bautismo en agua no se originó en los modelos hebreos. Ni siquiera se basó en el bautismo de Juan, porque en este solo se enfatizaban el arrepentimiento para perdón de pecados; no se invocaba la Trinidad divina y Jesús todavía no había iniciado su ministerio. Jesús estableció el bautismo dentro de su ministerio y hacía y bautizaba «más discípulos que Juan (aunque en realidad no era Jesús quien bautizaba sino sus discípulos)» (Juan 4:1-2).

5. *Es parte de la misión del evangelio.* El mandato del bautismo es parte integral de la gran comisión que el Cristo resucitado dio a sus discípulos: «Vayan y hagan discípulos de todas las naciones, bautizándolos en el nombre del Padre y del Hijo y del Espíritu Santo» (Mateo 28:19). La versión de Marcos enfatiza lo mismo: «Les dijo: "Vayan por todo el mundo y anuncien las buenas nuevas a toda criatura. El que crea y sea bautizado será salvo"» (Marcos 16:15,16). En estos dos pasajes que registran las palabras de Jesús queda bien claro que todos los que creen en él y son instruidos en las verdades básicas del evangelio, como lo estamos haciendo a través de estos estudios, deben ser bautizados en agua.

B. ¿Qué significa el bautismo para el cristiano?

Los apóstoles recibieron esta ordenanza del Señor e inmediatamente empezaron a ponerla en práctica, a medida que establecían la iglesia en distintos lugares.

1. *Es un sometimiento al señorío de Cristo.* El día de Pentecostés, cuando se derramó el poder del Espíritu Santo sobre los creyentes, Pedro predicó un sermón poderoso que conmovió a los millares de personas que rodeaban el aposento alto. Sus últimas declaraciones revelan el valor intrínseco del bautismo en agua y su lugar en el plan de la salvación. «Arrepiéntase y bautícese cada uno de ustedes en el nombre de Jesucristo para perdón de sus pecados —les contestó Pedro—, y

recibirán el don del Espíritu Santo» (Hechos 2:38). Los dos elementos nuevos aquí son la supremacía del nombre de Jesucristo y la promesa del don del Espíritu Santo.

2. *Es un testimonio público de la fe en Cristo.* El etíope evangelizado por Felipe había creído y recibido a Jesús en su corazón. Inmediatamente manifestó su deseo sincero de dar este paso de obediencia. Quería demostrar por medio del cumplimiento de esta ordenanza que ya Jesús lo había salvado. «Dijo el eunuco: aquí hay agua, ¿qué impide que yo sea bautizado? Felipe dijo: Si crees de todo corazón, bien puedes. Y respondiendo, dijo: Creo que Jesucristo es el Hijo de Dios» (Hechos 8:36,37, RVR60).

3. *Es una identificación con la muerte de Jesús.* «Si hemos estado unidos con él en su muerte, sin duda también estaremos unidos con él en su resurrección» (Romanos 6:5).

4. *Es una identificación con la resurrección de Jesús.* «...sepultados con él en el bautismo. En él también fueron resucitados mediante la fe en el poder de Dios, quien lo resucitó de entre los muertos» (Colosenses 2:12).

C. ¿Qué simboliza el bautismo en agua?

1. *Es símbolo de una vida nueva.* El bautismo es símbolo de la muerte al pecado y la nueva vida en Cristo (Romanos 6:1-4). Las cosas viejas han pasado y quedan sepultadas en el ayer. La vida del creyente es totalmente distinta; no por el bautismo sino por la obra que el mismo representa. el bautismo es símbolo perfecto de la resurrección del creyente con Cristo (Colosenses 2:12).

2. *Es símbolo de la limpieza espiritual.* Este acto externo simboliza el lavamiento espiritual que el Espíritu Santo realiza en el creyente, aplicando el poder de la sangre de Jesucristo (Hechos 3:19; 22:16).

E X A M E N   D E   R E P A S O

Escriba en cada línea la palabra «Falso» o «Verdadero», según lo crea correcto:

1. _____ El bautismo es parte del acto salvador.

2. _____ El bautismo es un paso de obediencia y testimonio.

3. _____ Jesús fue bautizado porque necesitaba ser perdonado de sus pecados.

Pareo: Ponga en cada caja de las declaraciones de abajo, el número que representa la cita bíblica que le corresponde. Tendrá que leer cada pasaje antes de hacer el ejercicio.

1. Colosenses 2:12
2. Hechos 8:36,37
3. Romanos 6:5
4. Hechos 2:38

❑ Sometimiento al señorío de Jesús

❑ Identificación con la resurrección de Jesús

❑ Testimonio público de la fe en Cristo

❑ Identificación con la muerte de Jesús

Complete cada frase:

1. El bautismo en agua es un símbolo de la _____ al pecado y la nueva _____ en Cristo.

2. El bautismo simboliza el _____ en la sangre de Jesucristo.

3. El bautismo es símbolo de la _____ del creyente con Cristo.

P A R A   R E F L E X I O N A R

Cuando realmente amamos a alguien, estamos dispuestos a hacer cualquier cosa por agradarle. Si realmente amamos al Señor, no pondremos objeciones para ser bautizados como él manda.

II. Algunos conceptos erróneos acerca del bautismo

A. *El bautismo en agua no salva*

Algunos insisten en que el bautismo en sí tiene poder para salvar al pecador, o que forma parte de la obra salvadora. Pero la Biblia claramente indica que «la sangre de su Hijo Jesucristo nos limpia de todo pecado» (1 Juan 1:7). Elevar el bautismo al nivel salvador es suponer que el pecador puede salvarse por obras; o, peor aun, que el sacrificio de Cristo en el Calvario no es suficiente para salvar al hombre.

B. *El bautismo no es una regeneración*

Es cierto que en Tito 3:5 se habla de «el lavamiento de la regeneración»; pero esta expresión se usa en sentido figurado para referirse a la obra del Espíritu Santo, y no al bautismo en agua. Con esto no se quiere negar el valor espiritual de este acto sagrado, ordenado por nuestro Salvador; lo que se pretende es establecer que la obra salvadora viene de Dios, y que la obediencia en el bautismo es parte del proceso de implementación de la vida nueva.

C. *No es una puerta de admisión al cielo*

El ladrón que reconoció a Jesús como su única ayuda cuando se encontraba crucificado a su lado fue directamente al paraíso (al cielo) el mismo día que murió, sin ser bautizado (Lucas 23:39-43).

D. *No nos hace hijos de Dios*

Según la Biblia, el pecador se convierte en hijo de Dios cuando cree en Jesucristo y lo recibe en su corazón. «Mas a cuantos lo recibieron, a los que creen en su nombre, les dio el derecho de ser hijos de Dios» (Juan 1:12).

E. *No tiene poder para perdonar los pecados*

Tanto en la persistente exhortación de Juan el Bautista (Mateo 3:2; Lucas 3:3), como en el poderoso llamamiento de Pedro (Hechos 2:38), el énfasis está en el arrepentimiento y la confesión de pecados. El bautismo era la manifestación externa de un cambio radical en el interior del ser humano. El perdón de pecados es un acto divino otorgado por la gracia en respuesta a la fe del creyente.

F. *No acaba con las tentaciones y las pruebas*

Una hermana muy sincera, pero ingenua, dijo, al ser interrogada en cuanto a la razón por la que quería ser bautizada: «Yo espero que después de mi bautismo ni el diablo ni la carne me sigan tentando». Para demostrar cuán equivocada estaba hay que recordar que las tentaciones de Jesús tuvieron lugar precisamente después de su bautismo (Mateo 4:1). Aquí conviene que reflexione sobre las palabras de Martín Lutero: «Nunca es tan aguda la tentación y tan intenso el ataque del enemigo como cuando el cristiano se encuentra más cerca de Dios». Esto basta para que usted no vea el bautismo en agua como el final de sus problemas sino como un momento decisivo para luchar con más fuerzas contra Satanás. ¡Cristo da la victoria!

G. *El bautismo no beneficia a los muertos*

1. *Una costumbre errónea.* Tal parece que en el tiempo de Pablo existía la costumbre entre algunos grupos supersticiosos de bautizarse en nombre de familiares que habían muerto sin cumplir con este rito. Esto se deduce de las palabras de Pablo: «Si no hay resurrección, ¿qué sacan los que se bautizan por los muertos? Si en definitiva los muertos no resucitan, ¿por qué se bautizan por ellos?» (1 Corintios 15:29). Con esta denuncia, el apóstol no estaba aprobando esas extrañas costumbres religiosas. Además, observemos que él menciona a los

que realizaban estas prácticas en tercera persona («por qué se bautizan...»). De esta manera se excluía a sí mismo y a los cristianos de Corinto de estar involucrados en estos hechos. Él solo quería usar ese argumento para hablar de la esperanza de la resurrección de los muertos.

2. *Una herejía de los mormones.* Esta gran organización religiosa norteamericana practica el bautismo por los muertos. Pero tal cosa es inútil, porque es necesario creer para ser bautizados, y los muertos ya no pueden aceptar a Cristo como su Salvador.

E X A M E N   D E   R E P A S O

Escriba «Falso» o «Verdadero» en cada línea, según usted lo crea correcto:

1. _____ El pecador puede salvarse por sus buenas obras.

2. _____ El bautismo es la puerta para entrar al cielo.

3. _____ El bautismo es la manifestación externa de un cambio radical en el interior del ser humano.

4. _____ El bautismo acaba con las pruebas y tentaciones.

5. _____ Bautizarse por los muertos es inútil.

P A R A   R E F L E X I O N A R

«Soy bautizado como manda el Salvador,
qué grande gozo siento en mi corazón;
ya mis pecados los borró mi Salvador,
quiero llegar puro y limpio a su mansión.
Seguiré a mi Jesús, pues para mí
lo del mundo acabó, y ayudado por su luz,
proseguir en sus caminos quiero yo.»

III. ¿Quiénes deben ser bautizados en agua?

A. *Todos los que están conscientes de su salvación*

Muchos de los que nacieron en hogares católicosos fueron llevados a un bautismo infantil del cual no tienen ni siquiera recuerdos. En la Biblia se enseña que son requisitos indispensables para este acto: el arrepentimiento, la fe y la aceptación de Cristo; y estas cosas solo pueden ser hechas por una persona con cierto grado de madurez.

B. *¿A qué edad pueden los niños ser bautizados?*

Tomando en cuenta lo que se dijo en el punto anterior, un niño no debe ser bautizado antes que pueda actuar por sí solo. Uno de los requisitos bíblicos para el bautismo en agua es arrepentirse. «Arrepiéntase y bautícese cada uno de ustedes» (Hechos 2:38). Otra acción esencial es creer. «El que crea y sea bautizado será salvo» (Marcos 16:16). Solo pueden arrepentirse los que sienten dolor por haber vivido una vida pecaminosa. Solo puede creer la persona que ha adquirido fe a través de la Palabra de Dios. Estas son cosas que un niño no puede hacer sino hasta cuando ha llegado a cierta edad. Esto pueden determinarlo los padres y el pastor.

C. *¿Cuánto tiempo debe transcurrir entre la conversión y el bautismo?*

1. *Solo el tiempo necesario.* Lo peor es caer en uno de los dos extremos: bautizarse el mismo día de su conversión, o esperar de seis meses a un año para realizar este acto. Los que optan por un bautismo muy prematuro se basan en algunos casos del Nuevo Testamento, como el del eunuco de Etiopía, el carcelero de Filipos y su familia y otros. No podemos oponernos a estos ejemplos, ni se puede negar el deseo del recién convertido de ser bautizado inmediatamente. Es más, entre bautizarse muy pronto y esperar hasta muy tarde, es mejor la primera alternativa. Sin embargo, no es bueno hacer esto a la carrera.

2. *No debe hacerse sin la debida preparación.* Es indispensable recibir toda la información bíblica y eclesiástica y estar plenamente seguro de la realidad de la experiencia en el Señor. Esto se basa en la recomendación de Jesús de hacer discípulos: instruir al recién convertido, y luego bautizarlo (Mateo 28:19). También debemos notar el énfasis que hace Felipe en la convicción del etíope en cuanto a su fe en Jesús. «Si crees de todo corazón, bien puedes» (Hechos 8:37, RVR60).

3. *Cada caso debe ser tratado con las debidas consideraciones.* Aquí tenemos que reconocer que no todos los candidatos son iguales. Algunos pueden prepararse en pocos días; otros necesitarán varias semanas.

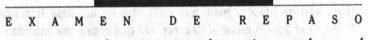

E X A M E N   D E   R E P A S O

Para empezar a determinar si usted ya está preparado para el bautismo en agua, responda estas preguntas:

1. ¿Ya experimentó un genuino arrepentimiento (Lucas 13:3)? Esto es igual a preguntarse si se siente totalmente convertido de la vida de pecado.

2. ¿Ya confesó sus pecados al Señor (1 Juan 1:9) y se siente plenamente perdonado?

3. ¿Cree usted de todo corazón que Jesucristo es el Hijo de Dios (Hechos 8:37)?

4. ¿Siente usted que es un hijo de Dios (Juan 1:12) por los milagros del nuevo nacimiento y la adopción?

5. ¿Quiere usted dar testimonio público de su fe por medio del bautismo (2 Timoteo 1:8)?

6. ¿Está dispuesto a ser un discípulo fiel de Cristo y un miembro útil de la iglesia para servir a Dios y a sus semejantes (1 Tesalonicenses 1:2-10)?

Selección múltiple.

Subraye la respuesta correcta:

1. Deben ser bautizados en agua:
   (a) los muertos
   (b) los que han aceptado a Cristo
   (c) los niños

2. Requisitos indispensables que la Biblia establece para el bautismo en agua son:
   (a) nacer en un hogar cristiano
   (b) dar una ofrenda a la iglesia
   (c) arrepentirse y tener fe.

3. ¿Cuándo debemos bautizarnos?
   (a) después de aceptar a Cristo como Salvador
   (b) recién nacidos
   (c) antes de entrar a la primaria
   (d) a los 13 años de edad

P A R A   R E F L E X I O N A R

¿Cómo reaccionaría usted si alguien le dijera que hay que bautizar a los bebés para que sean salvos?

¿Qué pasajes bíblicos parecen insinuar el bautismo de niños?

¿Qué pasajes enseñan que si un niño muere no será condenado, aun si no se le ha administrado el bautismo en agua?

IV. Métodos bíblicos y recomendaciones prácticas

A. ¿Qué aprendemos de la etimología del término «bautismo»?

La palabra «bautizar» no es una traducción sino una castellanización del verbo griego *baptizo*, que significa sumergir, inmergir, lavar en agua. Los tejedores sumergían la lana y el hilo en recipientes llenos de tinta para teñirlos en los colores deseados. Esta acción se denominaba «bautizar». Todas las figuras que se usan en el Nuevo Testamento para describir el acto del bautismo dan la idea de sumergir. Por eso se ha generalizado el método de inmersión.

B. ¿Qué bases hay para practicar el bautismo por inmersión?

1. *En los evangelios.* Juan el Bautista, Jesús y los discípulos administraban el bautismo a las multitudes en el río Jordán, lo que indica que sumergían a los convertidos (Juan 3:22 23).

2. *En el libro de los Hechos.* Felipe bautizó al eunuco de Etiopía cuando llegaron a un lugar en que había suficiente agua (Hechos 8:36).

3. *En las epístolas paulinas.* Pablo habló del bautismo ilustrándolo con el acto de sepultura y resurrección de uno que ha muerto (Romanos 6:4).

C. ¿Qué aprendemos del uso del término «candidato»?

Casi siempre nos referimos a las personas que aspiran a ser bautizadas con el título de «candidatos». La palabra «candidato» viene de la expresión «cándido» y se usaba entre los romanos para referirse a los que se vestían de blanco para el bautismo. La idea en este término es la candidez, la nitidez o blancura espiritual de los aspirantes. El bautismo no limpia a nadie. Todos los que se preparan para ser bautizados ya están limpios y cándidos por la gracia purificadora de Cristo y por el fulgor de la luz del Espíritu Santo. ¿Es usted un candidato? ¿Han sido emblanquecidas sus ropas en la sangre del cordero? (Apocalipsis 7:14).

D. *La fórmula bautismal de Jesús*

No sabemos qué fórmula usaba Juan el Bautista cuando sumergía a cada candidato. Lo más probable es que fuera solamente en el nombre del Padre. Esto se deduce de la insistencia de Pedro al mandar que sus oyentes se bautizaran «en el nombre de

Jesucristo» (Hechos 2:38). Esto fue quizás porque ya habían recibido el bautismo de Juan.

Pero en la gran comisión, Jesús no solo estableció la ordenanza del bautismo sino que también dijo qué palabras había de usarse al bautizar a los creyentes: «Por tanto, vayan y hagan discípulos de todas las naciones, bautizándolos en el nombre del Padre y del Hijo y del Espíritu Santo» (Mateo 28:19).

E. *Recomendaciones prácticas para el bautismo*

1. *La actitud*. ¿Cuál es su actitud hacia el acto del bautismo? ¿Por qué se va a bautizar usted? ¿Lo hace solamente por cumplir con un deber, o siente en su corazón la alegría de obedecer al Maestro y seguir su ejemplo? ¿Se va a bautizar únicamente por llenar el requisito para solicitar membresía en la iglesia, o desea usted dar testimonio por este medio de que ya pertenece a la gran familia de Dios?

2. *El acto*. Cómo realizar el acto del bautismo. Ya sea en un bautisterio, un balneario o en un río, se recomienda que el pastor ensaye con los candidatos no solo lo que han de responder a las preguntas de la ceremonia sino también al acto mismo de la inmersión.

   El ministro y el candidato se paran frente a frente en un lugar donde el agua les llegue a la cintura, o más arriba. Después de un breve interrogatorio público sobre las razones del bautismo, el candidato debe cruzar las manos sobre su pecho y con la derecha taparse la nariz para evitar la entrada de agua. El ministro pone su mano izquierda sobre los hombros del creyente y su mano derecha sobre las manos cruzadas de este. Luego, después de pronunciar las palabras de la ceremonia bautismal, la persona deberá sentarse y recostarse bajo la superficie del agua, y con el mismo impulso volver a erguirse. De esa manera el pastor no tendrá que levantar todo el peso y se evitará provocar escenas desagradables. Hágase todo con una actitud de adoración y triunfo.

E X A M E N   D E   R E P A S O

Conteste en papel separado las preguntas siguientes:

1. ¿Qué pensaba usted del bautismo en agua antes de leer este capítulo?

2. ¿Para qué servía el bautismo de Juan el Bautista?

3. ¿Quién instituyó el bautismo cristiano que la iglesia practica hoy?

4. ¿Qué simboliza el bautismo del creyente?

5. ¿Salva el bautismo en agua? ¿Por qué?

6. ¿Es necesario el bautismo? ¿Por qué?

7. ¿Puede ser tentado un creyente después de ser bautizado?

Complete estas frases:

1. «Bautismo» significa _____.

2. El método más apropiado para el bautismo es la _____.

3. Pablo ilustró el bautismo con la _____ y resurrección de uno que ha muerto (Romanos 6:4).

4. La palabra «candidato» viene de la expresión _____.

5. La fórmula bautismal establecida por Jesús es: «en el nombre del _____ y del _____ y del _____» (Mateo 28:19).

P A R A   R E F L E X I O N A R

¿Qué le contestaría usted a una persona que le dijera que su bautismo no es válido porque no fue bautizado solo en el nombre de Jesús?

CAPÍTULO 4

Su lugar como miembro de la iglesia

«Sobre esta piedra edificaré mi iglesia, y las puertas del reino de la muerte no prevalecerán contra ella» (Mateo 16:18). «Ustedes son el cuerpo de Cristo, y cada uno es miembro de ese cuerpo» (1 Corintios 12:27).

Introducción

Ser miembro de una iglesia bíblica, cristocéntrica y evangelística es cosa de suma importancia para usted. En el primer estudio vimos que su conversión fue su punto de partida en este proceso continuo de la vida cristiana. En el segundo capítulo se señaló una lista de factores esenciales para su crecimiento en el Señor. En tercer lugar estudiamos el bautismo en agua, su razón de ser, su teología y su práctica. Ahora es oportuno hablar de su relación con la iglesia, el cuerpo de Cristo.

Ninguna de las bendiciones antes mencionadas puede hacerse realidad si usted no se establece en una congregación donde pueda gozar del compañerismo y las oportunidades de servicio y desarrollo en un verdadero discipulado cristiano. Este estudio considera a la iglesia como una institución divina donde los cristianos unen su fe y su esfuerzo en la realización del reino de Dios.

I. Breve historia de la iglesia cristiana

A. ¿Qué significa la palabra «iglesia»?

1. *Etimología del nombre.* Este término es una castellanización del nombre griego *ekklesía*, el cual se deriva del verbo *ekkaleo*, «llamar» o «sacar». Con la palabra «iglesia» se designaba entre los griegos toda reunión o asamblea, especialmente de carácter político. Este término también se usó para traducir en el Antiguo Testamento la palabra *kahal*, con la que se designaba al pueblo de Israel.

2. *Su uso en el Nuevo Testamento.* Jesús utilizó esta palabra para referirse a la corporación de seguidores suyos, la cual se fundaría sobre la roca firme de su persona y su palabra. «Sobre esta piedra edificaré mi iglesia, y las puertas del reino de la muerte no prevalecerán contra ella» (Mateo 16:18). A través de todo el Nuevo Testamento el término «iglesia» se usó siempre para designar al pueblo cristiano en general (Hechos 2:47) y también para referirse a la congregación de cada ciudad (Hechos 16:5).

B. ¿Qué figuras ilustran las características de la iglesia?

1. *La iglesia es el pueblo de Dios.* El pueblo de Israel, como se describe en el Antiguo Testamento, ha sido siempre la representación simbólica espiritual de la iglesia de Jesucristo (Gálatas 6:16).

2. *La iglesia es el reino de Dios.* En las parábolas se habló de ella como el reino de Dios. El sembrador habla de la evangelización (Mateo 13:1-9, 18-23). La semilla de mostaza anunciaba su crecimiento (Mateo 13:31 32). La parábola de los talentos ilustra los ministerios de la iglesia.

3. *La iglesia es el rebaño de Cristo.* Jesús describió a la iglesia como un rebaño, cuyo Pastor es él (Juan 10:7-16).

4. *La iglesia es una viña.* La vid y los pámpanos muestran su dependencia de Cristo (Juan 15:15).

5. *La iglesia es un cuerpo con muchos miembros.* Como un cuerpo cuenta con una variedad de miembros en una perfecta unidad funcional (1 Corintios 12:12-27).

C. *El ensanchamiento de la iglesia del Nuevo Testamento*

1. *Bajo el ministerio de Cristo.* En el plan de Dios, la iglesia tuvo su origen en la eternidad, cuando Cristo fue designado nuestro Salvador (1 Pedro 1:20). Pero históricamente se inició cuando el Señor empezó a llamar a sus seguidores (Mateo 4:19). Las multitudes acudían a él para recibir sanidad y salvación y muchos lo seguían (Mateo 5:1; Juan 6:5).

2. *La iglesia en el libro de los Hechos.* A pesar de todas las cosas hechas durante el ministerio de Jesús, la iglesia no se estableció formalmente como tal sino hasta después del derramamiento del Espíritu Santo el día de Pentecostés. A ese momento quizás se refirió el Señor cuando anunció que edificaría su iglesia (Mateo 16:18). Lucas, al primer historiador cristiano, fue un médico griego que se convirtió y acompañó a Pablo en sus viajes misioneros. Él nos cuenta en el libro de los Hechos cómo se fue estableciendo la iglesia primeramente en Jerusalén y Judea, y luego en Samaria y áreas vecinas. Después, en Asia Menor y Europa, bajo el ministerio misionero de Pablo y otros evangelistas internacionales.

3. *El modelo de la iglesia era el mismo.* En cada lugar evangelizado por los apóstoles los convertidos eran instruidos, bautizados en agua y establecidos como miembros de una iglesia local. Los apóstoles nombraron pastores y ancianos para que se encargaran del ministerio en cada congregación (Hechos 14:21-23). Los creyentes se sujetaban a las autoridades locales y prestaban voluntariamente sus servicios en la iglesia y en la comunidad, tanto para su propio desarrollo cristiano como para alcanzar a los inconversos (1 Tesalonicenses 1:1-10).

4. *El sostenimiento era provisto por los miembros.* Una de las características de los cristianos era su generosidad en el sostenimiento de sus líderes locales y en sus ofrendas para los necesitados en otras áreas (2 Corintios 8:1-5). Otra cualidad digna de admirar e imitar era su firmeza y estabilidad en el Señor y su formalidad en la iglesia en que habían arraigado su membresía (Colosenses 2:5-7).

5. *El poder de Dios daba el crecimiento.* Las congregaciones crecían numérica y espiritualmente a través de las manifestaciones del Espíritu Santo en la vida de los creyentes (1 Corintios 12:4-5).

6. *Se ministraba a cada uno.* Se les rogaba asistir con regularidad a los servicios de la iglesia para estimularse al amor y a las buenas obras (Hebreos 10:23-25). Cuando estaban desconsolados o enfermos, la congregación servía como punto de apoyo y refuerzo espiritual (Santiago 5:13-16).

D. *La iglesia a través de los siglos*

1. *La iglesia primitiva.* Durante los primeros tres siglos de evangelización, el mensaje del evangelio llegó a casi todo el mundo civilizado de aquel entonces. Los doscientos años de persecución por parte de diez crueles emperadores romanos no pudieron apagar la llama bendita del evangelio que había empezado a arder en el mundo. Los apóstoles predominaron en el ministerio cristiano hasta el final del primer siglo. Después de la muerte de Juan, el último de los doce apóstoles, fueron los discípulos de estos, llamados «padres apostólicos», los que siguieron con la tarea.

2. *La Biblia de los primeros siglos.* Los cristianos hicieron uso de la Septuaginta, los escritos del Antiguo Testamento traducidos al griego entre los años 250 y 150 antes de Cristo. Ya para finales del tercer siglo después de Cristo se reunieron todos los escritos del Nuevo Testamento; es decir, los evangelios y las epístolas, y se empezaron a usar a la par del Antiguo Testamento.

3. *La decadencia de la iglesia*. El fervor del cristianismo empezó a decaer a partir del siglo cuarto de la era cristiana. Cuando la política imperial tomó el color de un cristianismo convencional, la iglesia se politizó y perdió las verdaderas características cristianas que hasta entonces había tenido. Los líderes eclesiásticos empezaron a disputarse el poder hasta que se estableció una jerarquía que acabó por entronizar a un hombre (el papa), a quien declararon «vicario» o sucesor de Cristo. Antes se había reconocido al Espíritu Santo como el sucesor del Señor. Nuevas doctrinas empezaron a hacer su aparición, como la adoración de los santos, el establecimiento de los sacramentos, la infalibilidad papal y otras.

4. *Los mil años de oscurantismo de la Edad Media*. Por mil años hubo un oscurantismo adormecedor que no dejó brillar la verdadera luz transformadora del evangelio. La iglesia, ya para entonces llamada «católica», se convirtió en una religión política y opresora.

5. *La reforma cristiana*. Sin embargo, a partir del siglo 15 de nuestra era, Dios se manifestó a través de una serie de reformas que hicieron volver al cristianismo a las sagradas Escrituras y al Espíritu de Dios como guías de la fe. La lectura libre de la Biblia, la búsqueda de Dios en oración y la participación de todos los creyentes en el servicio cristiano trajeron un nuevo avivamiento mundial para la iglesia. De allí en adelante los grupos evangélicos empezaron a proclamar un mensaje bíblico que aspiraba por un retorno al modelo de la iglesia del libro de los Hechos.

6. *La iglesia de hoy*. En la actualidad el mundo está siendo confrontado con el mensaje de salvación, sanidad y servicio a Dios. Ese mensaje llegó a usted y lo acercó al Señor. Su membresía en la iglesia lo unirá a los millones de cristianos que practican la fe que proclaman.

E X A M E N   D E   R E P A S O
Complete cada frase:

1. El término «iglesia» en el Nuevo Testamento designa a la _____ en general y a la congregación de cada ciudad (Hechos 16:5).

2. El pueblo de _____ del Antiguo Testamento representó a la iglesia (Gálatas 6:16).

3. La parábola de la _____ anunciaba el crecimiento de la iglesia (Mateo 13:31,32).

4. La parábola de la _____ y los _____ muestra la dependencia de la iglesia de Cristo (Juan 15:15).

5. La iglesia es un _____ con muchos _____ (1 Corintios 12:12,27).

P A R A   R E F L E X I O N A R

Así como en nuestro cuerpo todos los miembros son importantes y necesarios, también en el cuerpo de Cristo (la iglesia), todos tenemos un lugar especial. ¿Ya descubrió usted cuál es su función en este cuerpo?

P A R A   R E A C C I O N A R

El que no conoce la historia, está condenado a repetir los errores de ella. Conocer la historia de la iglesia, es «esencial para la fe». Pídale a su pastor que le recomiende un libro de la historia de la iglesia.

Entre otros libros de historia de la iglesia, recomendamos *Breve historia de la iglesia cristiana,* por Flower; *Historia del cristianismo,* por W. Walker; *Como ejército poderoso,* por W. Conn; *Historia del pentecostalismo,* etcétera.

II. Nuestra iglesia y las demás agrupaciones cristianas

A. ¿Por qué hay tantas denominaciones y sectas?

1. *Hay que distinguir entre denominaciones y sectas.* A todo creyente, especialmente al recién convertido, le confunde y molesta el hecho de que haya tantas agrupaciones cristianas. Todos quisiéramos que hubiera una sola organización. Pero eso no se logrará jamás. Lo que debemos hacer es analizar las diferencias que hay entre las denominaciones y las sectas. Una denominación es una organización legítima, fundada sobre principios bíblicos y con fines sanos, y establecida dentro de las normas morales, sociales, religiosas y civiles de aceptación general entre los humanos. Las sectas, en cambio, son grupos herejes y oscuros, fundados en hechos e ideas que no concuerdan con las sagradas Escrituras. Las enseñanzas de las sectas mezclan rasgos de la verdad bíblica con errores inventados por algún humano confundido, o motivados por el diablo mismo para atrapar a la gente.

2. *¿Cómo las podemos distinguir? La distinción solo se puede hacer siguiendo las instrucciones de Jesús, quien dijo: «Por sus frutos los conocerán» (Mateo 7:16).* Si los propósitos de una agrupación no son conocidos con toda claridad, lo más probable es que detrás de la aparente piedad haya errores, mentiras y engaños al servicio de líderes inescrupulosos y farsantes. Eso lo denunció Jesús al decir que: «Porque surgirán falsos Cristos y falsos profetas… para engañar… aun a los elegidos» (Mateo 24:24).

3. *¿Qué actitud debemos asumir? La historia de las denominaciones es tan antigua como la misma cristiandad.* Es cierto que solo existe una iglesia universal cuya Cabeza es Jesucristo, y que el mismo Señor habló de «un solo rebaño, y un solo Pastor» (Juan 10:16); pero eso todavía no se ha cumplido. Por el momento, lo que tenemos que hacer es conocer y estudiar cuidadosamente la doctrina y los propósitos de

nuestra iglesia y preguntarnos si se está obedeciendo la Palabra de Dios y viviendo dentro de su santa voluntad, porque «¡Es necesario obedecer a Dios antes que a los hombres!» (Hechos 5:29).

B. ¿Cuándo empezaron las divisiones?

1. *Las tres distinciones que hace Dios.* Universalmente, Dios reconoce tres divisiones generales en la humanidad: los judíos, los gentiles y la iglesia de Dios (1 Corintios 10:32); esto es: los que vivían según la ley del Antiguo Testamento, los paganos que no tienen absolutamente nada de temor a Dios y los cristianos, que se acercan a Dios, por fe en la gracia y la obra de Jesucristo.

2. *El criterio de Jesús acerca de esto.* Aun durante el ministerio terrenal de Jesús se empezó a notar la tendencia de ciertos grupos a hacer las cosas de otra manera. En Marcos 9:38-41 y Lucas 9:49,50 se describe el incidente que tuvo lugar cuando los discípulos encontraron a un predicador que «echaba fuera demonios» en el nombre de Jesús, pero que no formaba parte del círculo original de los que seguían al Maestro. Juan le dio el informe a Jesús de lo que estaba sucediendo y esperaba la autorización del Señor para ir a prohibir tales actividades. Sin embargo, se sorprendió cuando el Maestro le dijo: «No se lo impidan —les replicó Jesús—, porque el que no está contra ustedes está a favor de ustedes» (Lucas 9:50).

3. *En la iglesia primitiva.* A través del ministerio de los apóstoles se registraron varios casos de divisiones y discrepancias, especialmente entre los cristianos judíos y los cristianos gentiles. Esto se comprueba con lo que aconteció en el concilio de Jerusalén (Hechos 15:1-6).

C. ¿Qué hacer frente a las distintas denominaciones?

1. *Usted adquirirá más madurez al respecto.* Este no es el momento para que usted se preocupe en cuanto a los distintos grupos cristianos. Algunos tratan de desanimar a un recién convertido, diciéndole que los evangélicos están divididos y

que es mejor seguir en el catolicismo porque esa es la única iglesia y «porque esa es la religión de nuestros padres». Pero usted debe saber que los católicos también están divididos en órdenes, organizaciones y hasta en doctrinas y tradiciones.

2. *No todo es confusión; aunque hay que tener mucho cuidado.* Los evangélicos podrán estar divididos en cuanto a gobierno, métodos y costumbres, pero esencialmente sostienen los mismos puntos fundamentales de la fe, como son la divina inspiración de la Biblia, la divinidad de Jesucristo, la salvación por fe y la segunda venida del Señor. No forman parte de la clasificación evangélica los grupos y organizaciones que no aceptan estos puntos cardinales de la Palabra de Dios. Algunos, como los mormones, tienen otros escritos; otros, como los testigos de Jehová, no creen que Jesucristo es divino; y otros, como los católicos y los sabáticos, confían en ciertas obras para ser salvos.

3. *¿Cómo debemos tratar a los de otras iglesias?* Las iglesias evangélicas, las que sostienen las verdades fundamentales de la fe cristiana, están unidas en el Señor, y a veces desarrollan programas interdenominacionales; aunque respetan sus diferencias en cuanto a su metodología.

Pablo escribió a los creyentes de Roma un consejo que invita a la madurez en cuanto a lo que otros hermanos hacen en su afán de servir al Señor. Lea Romanos 14:1-13.

Usted sea un miembro fiel de su iglesia y sirva al Señor con todo su corazón mientras va madurando espiritualmente y profundizando más su mente y sentimientos en la Palabra de Dios para comprender mejor las cosas. Prepárese para sacar del error a otros, o por lo menos para no dejarse extraviar por los demás.

E X A M E N   D E   R E P A S O

Responda en papel separado las siguientes preguntas:

1. ¿Cuáles son las principales diferencias entre una denominación y una secta?

2. De acuerdo con Mateo 7:16, ¿cómo las podemos distinguir?

3. Cite algunos casos bíblicos en que se detecta una separación de grupos, a pesar de que no se les concede razón ni autoridad.

4. ¿Cuáles son los principios fundamentales de la verdadera fe cristiana?

5. Haga una lista de denominaciones y otra de sectas de las que usted haya oído.

Compruebe su conocimiento:

Escriba en cada línea «Falso» o «Verdadero», según lo que se presenta en esta sección:

1. _____ Debemos escoger como nuestra iglesia la que más se esfuerce por obedecer la Biblia.

2. _____ Universalmente, Dios reconoce tres divisiones generales en la humanidad: los judíos, los gentiles y la iglesia de Dios.

3. _____ Los evangélicos esencialmente sostienen los mismos puntos fundamentales de fe.

4. _____ Debemos seguir ciegamente la fe de nuestros padres.

5. _____ Los evangélicos confían en las obras de la ley para ser salvos.

P A R A   R E F L E X I O N A R

Las sectas: (a) rechazan la divinidad de Jesucristo; (b) hacen más caso a otros libros que a la Palabra de Dios y (c) enseñan que hay que hacer buenas obras para obtener la salvación.

III. Por qué y cómo ser miembro de la iglesia

A. *Seis razones para ser miembro de la iglesia*

1. *Para conservar la unidad.* Jesús oró por la unidad de los creyentes. La iglesia se presta para ello. «Para que todos sean uno. Padre, así como tú estás en mí y yo en ti, permite que ellos también estén en nosotros, para que el mundo crea que tú me has enviado» (Juan 17:21).

2. *Por el compañerismo cristiano.* El sentirse miembro de una congregación le da al creyente apoyo moral y calor espiritual para su desenvolvimiento en la vida cristiana, especialmente cuando llegan las pruebas (1 Corintios 12:26).

3. *Para crecer en el Señor.* La participación en los cultos y en todas las actividades que fomentan la edificación cristiana provee bases para el crecimiento espiritual, social y sicológico (Colosenses 3:16).

4. *Para cumplir el mandato de Jesús.* Como miembro de la iglesia, uno tiene mejores oportunidades de participar en el cumplimiento de la gran comisión (Mateo 28:19, 20; Hechos 1:8).

5. *Para el uso de los dones.* Ser parte del cuerpo de Cristo es la única manera de recibir los dones del Espíritu, los cuales no son otorgados para uso individual ni para que un creyente los tenga ocultos o encerrados a solas. El apóstol Pablo dijo que estas funciones carismáticas solo operan en el conjunto de la iglesia (1 Corintios 12:811). Esto no significa, sin embargo,

que el Espíritu Santo no se manifieste en distintos lugares, fuera de las reuniones congregacionales.

6. *Para producir frutos.* Esa es la única manera de observar los efectos de los frutos del Espíritu, los cuales se manifiestan en el trato y las relaciones de unos creyentes con otros (Gálatas 5:22 23).

B. *Algunos privilegios de un miembro de la iglesia*

1. *Es respetado en la comunidad.* Como miembro de la iglesia usted gozará del respeto y reconocimiento que la comunidad manifiesta hacia el conjunto del cuerpo de Cristo en la tierra,

2. *El cumplimiento del amor.* Si participa en las actividades de la iglesia, usted podrá disfrutar del compañerismo de todos los demás miembros de la congregación.

3. *No estará solo.* Podrá contar con la ayuda oportuna del pastor y los demás oficiales de la iglesia.

C. *Requisitos para ser aceptado como miembro*

1. *Ser una persona convertida.* No podrá ser aceptada en la comunión de la iglesia una persona que no demuestra frutos fidedignos de un genuino arrepentimiento.

2. *Haber sido bautizado en agua.* Es necesario dar este paso de obediencia, como lo ordena la Palabra de Dios, y como lo practica la iglesia en la cual solicita membresía (Marcos 16:16).

3. *Gozar de buen testimonio.* Debe contar con el testimonio positivo y digno de parte de los cristianos, y aun de los inconversos (1 Tesalonicenses 1:8).

4. *Testificar de Cristo.* Estar dispuesto a dar testimonio acerca del evangelio de Cristo ante el mundo, sin avergonzarse de ser parte del pueblo de Dios, aunque vengan persecuciones (2 Timoteo 1:8).

5. *Sumisión y obediencia.* Estar dispuesto a sujetarse a los que administran la iglesia de la que quiere ser miembro, ya sea al pastor o las demás autoridades de la misma. «Obedezcan a sus dirigentes y sométanse a ellos, pues cuidan de ustedes

como quienes tienen que rendir cuentas. Obedézcanlos a fin de que ellos cumplan su tarea con alegría y sin quejarse, pues el quejarse no les trae ningún provecho» (Hebreos 13:17).

6. *Cooperar en el sostenimiento de la iglesia.* Estar dispuesto a cumplir con sus obligaciones en el sostenimiento del ministro y del programa de la iglesia en general, de acuerdo con la manera en que el Señor lo vaya prosperando (Gálatas 6:6).

D. ¿Qué pasos debe dar para ser recibido como miembro?

1. *Comuníquese con la iglesia.* Hable con el pastor o los oficiales acerca de su deseo de pertenecer formalmente a la membresía de la iglesia.

2. *Presente su solicitud, si así se acostumbra.* Llene los cuestionarios de solicitud de membresía, si esa es la costumbre de esta iglesia.

3. *Gestione su transferencia.* Si usted ya es miembro de otra iglesia local, pida una carta o tarjeta de transferencia a la misma para presentarla a los oficiales de la congregación a la que quiere pertenecer (Romanos 16:1,2).

4. *Participe de la recepción.* Esté presente en el servicio de recepción, y participe de la ceremonia y el pacto de membresía, tal como sea la práctica de la iglesia.

E X A M E N D E R E P A S O
Conteste las siguientes preguntas:

1. Describa dos razones por las que debemos ser miembros de la iglesia.

2. Describa dos privilegios de un miembro de la iglesia.

3. Describa dos requisitos para ser aceptado como miembro.

P A R A   R E F L E X I O N A R

El lobo, para atacar a una oveja, primero la distrae y la aleja del rebaño porque estando ella sola es fácil atacarla, matarla y devorarla. También Satanás, nuestro adversario, para destruirnos, nos aleja del pastor y de los hermanos. Por eso la Biblia dice: «No dejemos de congregarnos, como acostumbran hacerlo algunos» (Hebreos 10:25).

IV. *Sus deberes como miembro de la iglesia*

Ya hemos señalado algunas de las responsabilidades que recaen sobre cada uno de los miembros de la iglesia de Jesucristo; pero debemos ampliarlas un poco más:

1. *Sea fiel en su asistencia.* Usted debe ser fiel a su iglesia siempre. Ya en el tiempo en que se escribió la epístola a los Hebreos algunos creyentes eran muy inconstantes y desleales a su congregación. Por eso el escritor sagrado hace un llamado a la fidelidad a la congregación para que no siguieran tal costumbre (Hebreos 10:23-25). La iglesia es una familia de la que usted formará parte activa. Procure no defraudarla ni abandonarla. Asista fielmente a todos los cultos y demás actividades.

2. *Procure tener comunión con los hermanos.* Así como los miembros del cuerpo necesitan estar unidos para poder comunicarse las corrientes de vida, como la sangre, la función nerviosa y la energía, los creyentes deben tener comunión ininterrumpida para permanecer en Cristo (Romanos 12:4; Efesios 4:25; 1 Juan 1:7).

3. *Consagre su vida al Señor.* El mundo juzga a la iglesia por la clase de vida que observa en sus miembros. Por eso escribió Pablo lo siguiente: «Por lo tanto, hermanos, tomando en cuenta la misericordia de Dios, les ruego que cada uno de ustedes, en adoración espiritual, ofrezca su cuerpo como

sacrificio vivo, santo y agradable a Dios» (Romanos 12:1). Dedique y consagre al Señor todas sus habilidades y talentos personales. Si sabe hacer algo bueno, hágalo para el Señor y para su obra.

4. *Rinda a Cristo y a su iglesia todo el servicio posible.* Jesús impuso esta orden cuando dijo: «El que quiera hacerse grande entre ustedes deberá ser su servidor, y el que quiera ser el primero deberá ser esclavo de todos. Porque ni aun el Hijo del hombre vino para que le sirvan, sino para servir y para dar su vida en rescate por muchos» (Marcos 10:43-45).

5. *Ore por los demás.* Es un deber de los miembros de la iglesia orar los unos por los otros y por sus líderes en el Señor (Efesios 6:18; Santiago 5:16; Hebreos 13:18).

6. *Sea fiel en el pago de los diezmos.* Ya se ha indicado anteriormente que como cristianos tenemos que dar al Señor una parte de lo que él nos ha dado. Es obligación cristiana pagar al Señor los diezmos de todo ingreso. Algunos se niegan a cumplir con este deber, alegando que esta fue una obligación impuesta por la ley, pero que nosotros estamos bajo la gracia. Pero no es así, porque el diezmo no perteneció a una sola época. Abraham dio a Dios sus diezmos antes de la ley (Génesis 14:17-20). Dios prometió abundante bendición para los que diezmaran (Levítico 27:30; Deuteronomio 28:1-13). Los profetas lo demandaron y acusaron a los que no diezmaban de robarle a Dios (Malaquías 3:10). Jesús corroboró esta práctica condenando a los legalistas que diezmaban solo por cumplir un requisito (Mateo 23:23).

7. *Ofrende con todo su corazón.* Para ilustrar el valor y la importancia del acto de ofrendar basta recordar los siguientes ejemplos bíblicos: Los magos de oriente (Mateo 2:1-11); la ofrenda de la viuda pobre (Marcos 12:42); el ejemplo de la iglesia primitiva (Hechos 2:45); la ofrenda de los macedonios (2 Corintios 8:1-5).

E X A M E N   D E   R E P A S O

Conteste las siguientes preguntas:

1. ¿Qué significa la palabra «iglesia» en el Nuevo Testamento?

2. ¿Qué figuras bíblicas de la iglesia puede mencionar?

3. ¿Qué pasó cuando la iglesia se politizó?

4. ¿En qué siglo empezaron las reformas cristianas?

5. ¿Qué opina usted sobre las denominaciones?

6. ¿Cuáles son las verdades fundamentales que deben sobresalir en una denominación evangélica?

7. Mencione las seis razones para ser miembro de la iglesia.

8. Mencione algunos privilegios de todo miembro de la iglesia.

9. Mencione algunos requisitos para ser aceptado como miembro.

P A R A   R E F L E X I O N A R

«¡Cuán bueno y cuán agradable es que los hermanos convivan en armonía! Donde se da esta armonía, el SEÑOR concede bendición y vida eterna» (Salmos 133).

CAPÍTULO 5

Prepárese para las pruebas y tentaciones

«Hermanos míos, considérense muy dichosos cuando tengan que enfrentarse con diversas pruebas, pues ya saben que la prueba de su fe produce constancia»
(Santiago 1:2,3).

Introducción

Ahora que usted es un hijo de Dios por la fe en Jesucristo, y después de la serie de pasos positivos que ha dado en su vida hasta llegar a ser un miembro del cuerpo de Cristo, prepárese para las pruebas. En realidad, usted se ha trasladado, espiritualmente, del reino de este mundo al reino de Dios. El enemigo lo ha perdido y tratará de reconquistarlo de cualquier manera. En esta lección veremos algo sobre la realidad del diablo y los medios que usa para atacar al creyente. También veremos que las pruebas traen, a la larga, un resultado positivo en cada hijo de Dios cuando echa mano a los recursos que el Señor ha puesto a su alcance.

I. La realidad acerca del diablo y sus agentes

1. *No debemos negarlo ni sobreestimarlo.* La gente cae en uno de dos extremos en cuanto a la realidad de Satanás. Algunos niegan o ignoran la existencia de un ser maligno sobrenatural que se opone siempre a los propósitos de Dios y ataca de diversas maneras a los creyentes. Por otra parte, hay muchos que viven tan atemorizados por la influencia satánica en el mundo, que no se atreven a levantarse de la postración en que se encuentran.

2. *Conocer al enemigo es necesario para vencerlo.* Lo mejor que un creyente puede hacer es reconocer al enemigo y sus estrategias, vestirse de la armadura de Dios... y luchar. «La mejor defensa es el ataque».

A. ¿Quién es Satanás?

1. *Su origen.* Poco revela la Biblia en relación con la caída de Satanás, pero lo que nos dice es suficiente para que sepamos que antes de su caída, el diablo era un ángel especial. Entre los seres celestiales creados por Dios en el principio de la creación (Génesis 1:1), estaba uno muy poderoso, a quien tipológicamente se le da el nombre de «Lucero de la mañana» en Isaías 14:12; y «querubín grande» en Ezequiel 28:14. Pero él fue el primero en rebelarse contra la voluntad de su Creador en algún momento antes de la creación de la humanidad.

2. *Sus nombres.* En esos pasajes se usan nombres figurados para indicarnos que por su orgullo y vanidad, este querubín fue destronado y destinado a ser el eterno enemigo de Dios y de sus planes divinos. En la Biblia se habla del diablo como tentador (Mateo 4:1); como el enemigo (Mateo 13:39); como un asesino, mentiroso y padre de mentira (Juan 8:44); como el cazador (2 Timoteo 2:26); como león rugiente (1 Pedro 5:8) y como la serpiente antigua (Apocalipsis 12:9). Esto basta para formarnos una idea de las malignas características del diablo. Pero también se nos dice que los creyentes pueden triunfar sobre Satanás con la ayuda del Señor. La exhortación

divina para los que quieren derrotar al enemigo es: «Así que sométanse a Dios. Resistan al diablo, y él huirá de ustedes» (Santiago 4:7).

B. ¿Qué son y qué hacen los demonios en el mundo?

1. *Su naturaleza.* Los demonios, igual que Satanás, fueron ángeles que Dios creó para su servicio en el cielo, pero cayeron junto con su líder cuando se rebelaron contra su Creador (2 Pedro 2:4; Judas 6; Apocalipsis 12:4). Hay personas que niegan la existencia de los demonios; mientras que otros les atribuyen toda enfermedad y cuanta cosa desagradable acontezca.

2. *No todos los males del mundo son causados por ellos.* La Palabra de Dios es clara en indicar que hay enfermedades y desgracias que tienen un origen totalmente material. Por ejemplo, en Mateo 4:24 se distinguen claramente los tipos de sufrimientos de los que Cristo sanaba a la gente: «enfermedades», «plagas» y «espíritus malos». Sin embargo, la intervención de los demonios como agentes de Satanás para atacar y tentar a los cristianos es una realidad.

3. *Influyen en la idolatría y las supersticiones.* Los demonios intervienen en la adoración a través de la idolatría. Pablo explicó que si bien los ídolos y todo lo que la gente hace por ellos no es nada, los demonios lo toman para ellos (1 Corintios 10: 19-22).

4. *Producen confusión y herejías.* Los demonios dicen mentiras a los hombres e inducen a estos a creer en doctrinas de error (1 Reyes 22:22; 1 Timoteo 4:1; Apocalipsis 9:20; 1 Juan 4:6).

5. *Son agentes del espiritismo y la necromancia.* Los espíritus inmundos se hacen pasar por espíritus de familiares muertos ante los que consultan a través de médiums espiritistas (Deuteronomio 18:11; 1 Samuel 28:8-19; Hechos 16:16).

6. *Son incorpóreos.* Los demonios no pueden asumir cuerpos pero sí pueden poseerlos; es decir, que no se pueden

presentar físicamente, pero se aposentan en cuerpos humanos y de animales. En los humanos causan mudez (Mateo 9:32); epilepsia (Marcos 9:17); hábitos antisociales (Marcos 5:1-5); suicidios (Mateo 17:15) y otros efectos (Mateo 4:24). Los animales son llevados a su destrucción (Marcos 5:11-13).

7. *Parte de la gran comisión es echarlos fuera.* El poder que Cristo concedió a sus seguidores es suficiente para resistir a los demonios y echarlos fuera en su nombre (Marcos 16:17). El acto de echar fuera demonios se conoce como «exorcismo», del griego *exorkismós*.

8. *Su morada final.* ¿Cuál será el destino final de los demonios y su jefe? Hay un «fuego eterno preparado para el diablo y sus ángeles» (Mateo 25:41). Ese lugar se conoce como el «lago de fuego y azufre» (Apocalipsis 20:10).

E X A M E N   D E   R E P A S O

Anote en la línea el nombre que la Biblia da a Satanás en cada pasaje:

1. Juan 8:44: _____.

2. Mateo 13:39: _____.

3. Mateo 4:1: _____.

4. 1 Pedro 5:8: _____.

5. Timoteo 2:26: _____.

6. Apocalipsis 12:8: _____.

Conteste con «Falso» o «Verdadero».

1. _____ Los espíritus malignos inducen a adorar a Dios.

2. _____ Los espíritus malignos inducen a los hombres a creer en doctrinas de error.

3. _____ Los demonios son incorpóreos, pero pueden poseer cuerpos de humanos y animales.

4. _____ Los creyentes no pueden hacer nada contra los demonios.

5. _____ Hay un lugar de fuego eterno preparado para el diablo y sus ángeles.

P A R A   R E F L E X I O N A R

«Practiquen el dominio propio y manténganse alerta. Su enemigo el diablo ronda como león rugiente, buscando a quién devorar» (1 Pedro 5:8).

II. Todo cristiano se enfrenta al enemigo tarde o temprano

A. *Jesús no estuvo exento de tentaciones y sufrimientos*

Como lo hicimos ver en un capítulo anterior, después de haber subido de las aguas bautismales y pasado por la manifestación de la revelación de la Trinidad, «Luego el Espíritu llevó a Jesús al desierto para que el diablo lo sometiera a tentación» (Mateo 4:1-11). Jesús tampoco estuvo exento de la persecución (Mateo 16:21; Lucas 9:22) Aquí podemos pensar en que si el Maestro fue sometido a tanto sufrimiento, nosotros sus seguidores también lo seremos (Mateo 10:16-24; Lucas 23:31).

B. *La iglesia primitiva fue atacada por el enemigo*

1. Dos de los doce apóstoles fueron tentados: Pedro (Mateo 26:69-75) y Judas (Juan 13:27).
2. Algunos fueron tentados y pecaron contra el Señor y contra el Espíritu Santo (Hechos 5:310).
3. Se registraron casos de inmoralidad (1 Corintios 5:1).

4. Hubo contiendas y divisiones, lo cual es provocado por Satanás para detener la marcha del evangelio (1 Corintios 1).

5. Hubo grandes persecuciones: en Jerusalén (Hechos 8:1), en Éfeso (Hechos 19:23), y en todas partes (1 Pedro 4:12-19).

C. ¿Se ha enfrentado usted al ataque del enemigo?

Si usted ya empezó a ser atacado por el enemigo desde que entregó su vida al Señor, cuéntese por dichoso, porque ya está caminando por el sendero cristiano. Así sufrió el Señor y eso mismo ha experimentado todo creyente, tarde o temprano en su vida. A continuación se advierten algunos peligros y problemas que se le podrían presentar; pero antes de todo, considere la promesa bíblica al respecto: «Ustedes no han sufrido ninguna tentación que no sea común al género humano. Pero Dios es fiel, y no permitirá que ustedes sean tentados más allá de lo que puedan aguantar. Más bien, cuando llegue la tentación, él les dará también una salida a fin de que puedan resistir» (1 Corintios 10:13).

D. *Qué tentaciones le pueden sobrevenir y cómo vencerlas*

1. *La presión social.* Entre las trampas del enemigo están las invitaciones sociales y la presión de parte de los amigos de antes, quienes no entienden la razón de la actitud de un cristiano hacia las prácticas mundanas. Lea 2 Corintios 5:17.

2. *Vicios y costumbres del pasado.* La tendencia a seguir con los hábitos y vicios que decidió abandonar cuando entregó su vida al Señor puede convertirse en un grave peligro. Trate de substituir lo malo con lo bueno, de acuerdo con Romanos 12:21:«No te dejes vencer por el mal; al contrario, vence el mal con el bien». No dé lugar a que aniden en su mente los pensamientos que insinúan tales cosas.

3. *Relaciones con los impíos.* Las pláticas vanas y discusiones con inconversos pueden confundirlo y hacerlo desistir de su deseo de caminar según la Palabra de Dios. No faltará quien le hable mal de la iglesia, del pastor, de los demás miembros, de la denominación, de las contribuciones, de asuntos controversiales de la Biblia, etcétera. Lea Romanos 8:35-39.

4. *Falta de fe.* En usted puede ocurrir lo que pasó con la semilla que cayó sobre la tierra endurecida del camino, en la parábola del sembrador. Vinieron las aves (el diablo y sus agentes) y se comieron la semilla (Mateo 13:4-19). Para vencer esta obra maligna del enemigo lea con más insistencia la Palabra de Dios. Lea los primeros cuatro capítulos del Evangelio de Juan y los cinco primeros de Romanos. Ore al Señor para que la Palabra germine en su corazón y comuníquese con otros cristianos más maduros en la fe.

5. *Una actitud de rebeldía.* Por insinuación de otros, o por ideas propias, puede surgir en usted una actitud negativa en cuanto a los deberes en la iglesia y la sujeción a la autoridad del pastor y demás oficiales. Lea lo que le pasó al pueblo de Israel cuando empezó a pensar de esa manera (Números 16:1-4, 28-35).

E. *Las persecuciones que le pueden sobrevenir*

1. *Oposición de la familia.* Algunos miembros de su familia pueden estar en contra de su decisión de servir al Señor. Tenga paciencia; sea firme en su posición; ore al Señor por ellos y manifiésteles el amor de Cristo. Recuerde que aun Jesús encontró oposición entre sus propios hermanos (Juan 7:5). La promesa de Hechos 16:31 es que todos los de su casa irán conociendo al Señor por medio del testimonio suyo.

2. *Oposición en el trabajo.* No son pocos los cristianos que han perdido su empleo o un ascenso por haberse convertido al evangelio. Pero las promesas del Señor son maravillosas (Mateo 19:29).

3. *Enfermedades.* Job es un clásico ejemplo de las pruebas a que puede ser sometido un hijo de Dios. Después de haberlo atacado por todos lados, el diablo hirió a este hombre de Dios con una enfermedad cruel e incurable. Pero su confianza en Dios era tan sólida que obtuvo la victoria «El SEÑOR bendijo más los últimos años de Job que los primeros» (Job 42:12).

E X A M E N   D E   R E P A S O

Complete las siguientes oraciones:

1. Jesús fue llevado por el espíritu al desierto para ser _____ por el diablo (Mateo 4:1).

2. Jesús fue tentado en todo, pero sin _____ (Hebreos 4:5).

3. Dos de los doce discípulos fueron tentados, estos fueron: _____ (Mateo 26:69,75) y _____ (Juan 13:27).

4. La iglesia primitiva fue perseguida en _____ (Hechos 8:1), en _____ (Hechos 19:23) y en _____ (1 Pedro 4:12-19).

5. Dios nos da la _____ para que podamos soportar la tentación (1 Corintios 10:13).

P A R A   R E F L E X I O N A R

«Por haber sufrido él mismo la tentación, puede socorrer a los que son tentados» (Hebreos 2:18). «Así que acerquémonos confiadamente al trono de la gracia para recibir misericordia y hallar la gracia que nos ayude en el momento que más la necesitemos» (Hebreos 4:16).

Ejercicio adicional:

1. Describa una tentación que le puede sobrevenir, y cite un pasaje bíblico que le ayude a vencerla.

2. Describa un tipo de persecución que pudiera sufrir, y una promesa bíblica que le dé fuerza y triunfo.

3. Si está pasando por una experiencia difícil y la considera como una prueba, póngase en oración y pida la ayuda de los

demás miembros de la familia de la fe. Actúe en el ánimo de Santiago 4:7.

III. El efecto de las crisis en el desarrollo del cristiano

1. *Lo hacen fuerte como un roble.* Quizás haya tenido la oportunidad de observar la formación del tronco de un roble centenario. Estos árboles han soportado muchos inviernos, mucho viento y mucho sol. Esto quizá les haya traído momentos difíciles, en los que tuvieron que esforzarse por mantenerse en pie; pero al fin de todo han llegado a ser gigantescos e inmensamente fuertes. Así es el cristiano frente a las crisis de la vida.

2. *Le dan oportunidades de vencer.* Cada tormenta, cada vendaval, cada experiencia crítica va dejando una marca, como los trofeos que va coleccionando el atleta o como las capas que van formando y engrandeciendo a una roca.

3. *Le dan razón para testificar.* Si usted lleva siempre una vida plácida y tranquila, puede ser que disfrute de cierta felicidad, pero jamás podrá compartir con otros experiencias de triunfo, pues no hay victoria sin batalla.

4. *Lo hacen aptos para la lucha.* La excelencia que se obtiene a través de los sufrimientos puede ilustrarse también observando las prácticas a que son sometidos los soldados. Los ejercicios se llevan a cabo bajo las inclemencias del tiempo y contra los gustos del cuerpo. La ruda disciplina y el constante ejercicio hacen de ellos personas aptas para pelear y triunfar bajo cualquier circunstancia.

5. *Lo harán apreciar más la promesa de gloria.* El destino final de los cristianos es la gloria. Por eso dijo el apóstol que «si sufrimos, también reinaremos» (2 Timoteo 2:12). Pero mientras estemos en esta tierra, cuantas más pruebas y

tribulaciones tengamos, más valores espirituales y morales habrá en nuestro corazón. Recordemos que «un sufrimiento más cada día nos ayudará a orar mejor cada noche».

E X A M E N   D E   R E P A S O
Conteste estas preguntas en papel separado:

1. Lo que Dios espera de mí como soldado es:

2. Lo que Dios espera de mí como atleta es:

P A R A   R E F L E X I O N A R

El fuerte viento puede doblegar la palma, pero no la derriba, porque es flexible pero resistente. Dios espera que aunque usted se doblegue, no se deje quebrantar en las pruebas y tentaciones.

IV. Recursos espirituales del cristiano frente a las pruebas

A. *Lo que Dios ha provisto para los momentos de crisis*

1. *La oración.* En las palabras de Jesús «pidan, y se les dará» (Mateo 7:7), hay más esperanza para el creyente que en un almacén de recursos materiales. Lo primero que viene a nuestra mente es que «hay abundancia» en Cristo para todas nuestras necesidades. Dios es dueño de todo lo que hay en el cielo y en la tierra, espiritual y material. Eso es más que suficiente para nosotros. ¿Qué más podemos necesitar que no esté incluido allí? De modo que, de aquí en adelante, eche mano de este recurso inagotable,

2. *La Palabra de Dios.* Cuando el salmista dijo: «Tu palabra es una lámpara a mis pies; es una luz en mi sendero» (Salmos 119:105), estaba hablando de un recurso especial para todo hijo de Dios. Lo que más se necesita cuando uno está

pasando por problemas y dificultades es luz para saber qué hacer o qué camino tomar. La Biblia no es un manual alfabético en el que se pueda buscar la respuesta a cada pregunta o a cada curiosidad, pero sí es la base fundamental de fe y conducta del pueblo de Dios. La Biblia no es un oráculo mágico que resuelva los problemas y satisfaga los deseos como las fantasías de la lámpara «maravillosa» de Aladino, del cuento árabe. La luz que viene de las Escrituras se recibe a base de fe, estudio y obediencia. Más adelante le daremos más instrucciones sobre la mejor manera de usar este recurso.

B. *Lo que Dios espera de usted en momentos de crisis*

1. *Que actúe con confianza y madurez.* Muchas veces lo mejor que uno puede hacer ante una situación difícil es no hacer nada. El cuadro del pueblo de Israel, con el ejército del Faraón detrás de ellos y el mar Rojo por delante, es muy ilustrativo para el creyente que se enfrenta a una crisis. Los israelitas estaban afligidos y no sabían qué hacer, excepto presionar a Moisés, criticarlo y murmurar. Pero este dinámico líder tenía plena confianza en el Dios que lo había llamado y dijo: «—No tengan miedo —les respondió Moisés—. Mantengan sus posiciones, que hoy mismo serán testigos de la salvación que el SEÑOR realizará en favor de ustedes... Ustedes quédense quietos, que el SEÑOR presentará batalla por ustedes» (Éxodo 14:13,14). Haga lo que esté a su alcance y espere confiadamente en el Señor.

2. *Que comparta sus penas con otros.* El dicho «problemas comunicados son problemas solucionados» tiene mucho de verdad dentro de la comunidad cristiana. Hay un refrán que dice que «los problemas empiezan a desembrollarse al pasar por los labios». Cuando usted esté pasando por dificultades o se encuentre indeciso sobre un asunto que le preocupe, acuda a su pastor. Solicite también el consejo y la orientación de otros cristianos de mayor experiencia.

EXAMEN DE REPASO

Analice estas preguntas y busque las respuestas en el material estudiado:

1. ¿Cree usted que existe el diablo como persona?

2. ¿Cómo fue creado el que ahora es Satanás?

3. ¿Cómo aparecieron los demonios en el mundo?

4. Mencione algunas cosas que pueden hacer los demonios.

5. ¿Hay posibilidades de que el diablo ataque a un buen cristiano? ¿Puede dar algún ejemplo?

6. ¿Se ha enfrentado usted al ataque del enemigo?

7. Mencione algunas áreas en que puede ser atacado un cristiano y diga cómo puede salir avante.

8. Mencione algunas persecuciones del creyente.

9. Mencione los cuatro recursos que tiene el cristiano frente a la tentación.

PARA REFLEXIONAR

«Porque nuestra lucha no es contra seres humanos, sino contra poderes, contra autoridades, contra potestades que dominan este mundo de tinieblas, contra fuerzas espirituales malignas en las regiones celestiales. Por lo tanto, pónganse toda la armadura de Dios» (Efesios 6:12,13).

CAPÍTULO 6

Orientación bíblica para la familia

«Esposas, sométanse a sus propios esposos como al Señor... Esposos, amen a sus esposas, así como Cristo amó... Hijos, obedezcan en el Señor a sus padres, porque esto es justo»
(Efesios 5:22,25; 6:1).

Introducción

La familia fue la primera institución establecida personalmente por el eterno Creador aquí en la tierra. La familia es el fundamento para cualquier institución humana. La iglesia está constituida por familias. Una congregación no puede ser mejor que las familias que la integran. La nación también está hecha de familias. Mejores familias harán mejores naciones, y por ende, un mejor mundo. Los estadistas, los sociólogos y los líderes cristianos han optado por analizar y mejorar la estructura del hogar, porque están convencidos de que un individuo es influenciado inmediata y permanentemente por el hogar en que vive. La Palabra de Dios es el manual del hogar cristiano. Allí vemos cómo deben comportarse sus integrantes, como esposos, padres e hijos.

I. Deberes y responsabilidades de los esposos entre sí

A. *Deberes conyugales mutuos*

1. *Las tres dimensiones del amor conyugal.* Este amor es tridimensional: hay una dimensión romántica (amor físico, *eros*), que se inicia a través de la atracción personal y culmina en la satisfacción física de ambos (Isaías 62:5; 1 Corintios 7:3-5). También hay una dimensión social (amor filial, *filos*), en la que intervienen los vínculos de una familia, los hijos, el hogar y las posesiones (Génesis 1:27-31; 12:3). Finalmente está la dimensión espiritual (amor sublime, *ágape*), que eleva el amor matrimonial al nivel de una unión mística en la que cuentan más los valores morales y espirituales que las apariencias y las circunstancias. El esposo debe amar a su mujer con un amor profundo (Efesios 5:25) y la esposa tiene que responder al amor de su marido con la misma ternura (Cantares 5:8).

2. *Lealtad y respeto mutuo.* Uno de los principios más sólidos del matrimonio es el que encontramos en Génesis 2:24 y Mateo 19:5: «Por eso dejará el hombre a su padre y a su madre, y se unirá a su esposa, y los dos llegarán a ser un solo cuerpo». Jesús, al corroborar estas palabras agregó: «Por tanto, lo que Dios ha unido, que no lo separe el hombre» (Mateo 19:6). Esta unidad permanente e indisoluble demanda lealtad mutua y renunciación absoluta a los demás hombres y a las demás mujeres (Malaquías 2:15).

3. *La confianza mutua.* La mujer es la compañera idónea del marido, por lo que este deberá confiarle los secretos, las dudas, debilidades y otras cosas que haya en su corazón. Esto impedirá que se vayan levantando barreras entre ellos. La esposa debe hacer exactamente lo mismo, para su bien y el de su hogar. Cuando no puede haber este grado de confianza, algo anda mal, y hay que repararlo.

B. *Deberes específicos del esposo*

1. *Proveer para la familia.* En virtud de su naturaleza y sus funciones como esposo y padre, el hombre tiene que proveer lo necesario para el sostenimiento de su esposa y los hijos. No es bueno que la mujer esté ociosa, pero la mayor responsabilidad económica recae sobre el hombre. Pablo manda que el hombre sustente y cuide a su mujer (Efesios 5:28-29). También dijo que el no hacerlo es dar mal testimonio (1 Timoteo 5:8).

2. *Honrar a su esposa.* La mujer debe ser estimada como vaso más frágil (1 Pedro 3:7). Esto significa alabarla por las cosas positivas y saber comprender y disculpar lo negativo. Recuerde que la mujer aprecia las pequeñas cosas y es muy sensible a las críticas y los reproches.

3. *Consolar a la esposa.* En los momentos de angustia, el varón debe demostrar más madurez y comprensión, considerando que, casi siempre, la mujer es más sentimental.

4. *Velar por la disciplina del hogar.* La instrucción moral y religiosa de los hijos así como la disciplina de la familia son desafíos que recaen sobre el hombre de la casa.

C. *Deberes específicos de la esposa*

1. *Ayudar en todo lo que esté a su alcance.* La esposa debe estar dispuesta a cooperar para que el sostenimiento de la familia no falte. El marido lleva la mayor responsabilidad, pero ella debe empeñarse en ayudar (Proverbios 31:13-24).

2. *Someterse a su marido como al Señor.* Según las instrucciones bíblicas, la esposa debe obedecer y estar sujeta a su marido (1 Corintios 11:3; Efesios 5:22; 1 Pedro 3:1). Esto agrada al Señor y es un buen testimonio ante el mundo.

3. *Consultar en todo a su marido.* Compartir con su esposo las penas y también los triunfos personales y familiares es una demostración de confianza y dependencia.

4. *Esforzarse por agradar a su esposo con su apariencia.* La esposa cristiana y entendida se esfuerza por vestir como le

agrada a su esposo, y como lo enseñan las Escrituras (1 Pedro 3:3-6).

5. *Ser la consejera fiel de su cónyuge.* Debe apoyar a su marido en todo lo correcto y darle su consejo y sugerencias siempre que lo estime necesario y sea apreciada.

E X A M E N   D E   R E P A S O

Subraye la respuesta correcta, de acuerdo con lo que se ha visto:

1. La familia es una institución establecida por:
   (a) el gobierno
   (b) Dios
   (c) la iglesia

2. El manual del hogar cristiano, el que todos debemos obedecer, viene por medio de:
   (a) la televisión
   (b) las enciclopedias
   (c) la Biblia

3. Es el amor que se basa en la atracción personal:
   (a) amor físico (*eros*)
   (b) amor filial (*filos*)
   (c) amor sublime (*agape*)

4. Es el amor humano que tiene que ver con los miembros de la familia:
   (a) amor físico
   (b) amor filial
   (c) amor erótico

5. Es el amor que se eleva a una unión mística:
   (a) amor físico
   (b) amor filial
   (c) amor sublime

P A R A   R E F L E X I O N A R

«El amor es paciente, es bondadoso. El amor no es envidioso ni jactancioso ni orgulloso. No se comporta con rudeza, no es egoísta, no se enoja fácilmente, no guarda rencor. El amor no se deleita en la maldad sino que se regocija con la verdad. Todo lo disculpa, todo lo cree, todo lo espera, todo lo soporta» (1 Corintios 13:4-7).

II. Deberes y responsabilidades entre padres e hijos

A. *Responsabilidades de los padres*

1. Proveer lo necesario para la alimentación, el techo, el vestido y la educación de sus hijos (1 Timoteo 5:8).

2. Cultivar una atmósfera de orden, disciplina e instrucción cristiana en el hogar, pero con mucho amor para no irritar ni humillar a los hijos (Efesios 6:4).

3. Establecer las bases de la fe y las normas cristianas para que los hijos se orienten, por lo menos mientras permanezcan bajo su dominio (Josué 24: 1 5).

4. Hacer de la Palabra de Dios un manual indispensable para la vida cotidiana (Deuteronomio 6:6-9).

5. Ser amigables con los hijos para poder orientarlos en los momentos decisivos de su vida, especialmente en cuanto a la fe, la educación, las amistades y el sexo.

B. *Deberes de los hijos hacia los padres*

1. «Hijos, obedezcan en el Señor a sus padres, porque esto es justo» (Efesios 6:1).

2. «Honra a tu padre y a tu madre —que es el primer mandamiento con promesa» (Efesios 6:2).

3. «Hijo mío, obedece el mandamiento de tu padre y no abandones la enseñanza de tu madre» (Proverbios 6:20).

4. Deben ayudar a sus padres en el sostenimiento del hogar en la medida en que les sea posible. Deben reconocer que los padres han hecho mucho por ellos.

5. Hacer lo posible porque no les falte nada a sus padres durante su edad avanzada. Imitar a José en su deseo de sostener a su anciano padre en Egipto (Génesis 47:12).

6. Orar por ellos, y si no fueren salvos, hacer todo lo posible por traerlos al reino de Dios.

III. Deberes de los jóvenes dentro y fuera del hogar

A. *Comportamiento del joven cristiano en su hogar*

1. Corresponder al amor de sus padres y demás miembros de la familia.

2. Respetar a sus padres y sujetarse voluntariamente a la disciplina del hogar de acuerdo con las enseñanzas de Efesios 6:1,2 y Proverbios 6:20.

3. Cooperar voluntariamente en todas las actividades del hogar.

4. Llevarse bien con sus hermanos y procurar que su presencia en el hogar sea agradable a todos.

5. Estar siempre a tiempo para las comidas, de modo que toda la familia junta pueda disfrutar de las bendiciones que Dios les da. Mientras se está a la mesa, trate de hablar solamente de cosas agradables. Los asuntos menos agradables se dejan para después de la comida.

B. *Conducta del joven cristiano en la sociedad*

1. Las tres agencias de desarrollo para el joven cristiano son el hogar, la escuela y la iglesia. Es su deber ser número uno en cada una de ellas, en conducta y desempeño.

2. El joven que quiere triunfar en la vida debe seleccionar sus amistades de acuerdo con los principios de su hogar, su fe y su educación.

3. Evite las malas juntas, que solo pérdidas dejan. Recuerde el

dicho «dime con quién andas, y te diré quién eres». Sin pensarlo, uno empieza a comportarse como sus amigos.

4. Al escoger una carrera tome en cuenta las sugerencias de sus consejeros en la escuela y el consejo de sus padres y los líderes cristianos.

5. Asista a las actividades de la iglesia, campamentos, convenciones y excursiones de interés juvenil.

6. Sea cortés con todas las personas y voluntario en servir a cuantos pueda.

7. Al llegar el momento de enamorarse, piense en una persona que comparta los ideales, sentimientos y principios suyos, para no ilusionarse con alguien que no le va a traer felicidad.

8. El noviazgo entre cristianos es un período en que la pareja se conoce, evalúa las características que ambos poseen y se deja guiar por la voluntad de Dios y el consejo de sus mayores.

E X A M E N   D E   R E P A S O
Complete las oraciones siguientes:

1. Las tres agencias para el desarrollo del joven cristiano son: _____, _____ y _____.

2. Es recomendable seleccionar amigos de acuerdo con los principios de su _____, su _____ y su _____.

3. Es recomendable escoger una carrera tomando en cuenta las sugerencias de los _____, los _____ y los _____.

4. Al enamorarse, un joven cristiano debe escoger a una persona que comparta sus _____, sus _____ y sus _____.

P A R A   R E F L E X I O N A R

«Honra a tu padre y a tu madre... para que te vaya bien y disfrutes de una larga vida en la tierra» (Efesios 6:2,3). ¿Cómo podría usted cumplir el mandato de este versículo?

IV. Ética cristiana en la iglesia y la sociedad

A. *Comportamiento del cristiano en la iglesia*

1. *Su asistencia es importante.* Procure llegar a tiempo a los cultos y otras actividades. La puntualidad es indicación de interés.
2. *Su actitud dice mucho.* No distraiga la atención de los demás en el templo con su modo de vestir, de caminar o de sentarse. No converse con nadie. Si va a la iglesia con niños vea que estén quietos para guardar la reverencia necesaria (Habacuc 2:20).
3. *Su participación es necesaria.* Participe en el canto, la lectura bíblica y en todo lo que se haga durante el servicio.
4. *Su reverencia agrada a Dios.* Al finalizar las actividades de la iglesia salude con amor y cordialidad a todos los que pueda y salga sin causar desórdenes en la casa de Dios.

B. *Las relaciones humanas del cristiano*

1. *El valor de una sonrisa.* El mundo está lleno de gente amargada y frustrada. Los rostros sombríos que vemos a nuestro derredor revelan tristeza, dolor y desencanto. Algunos se preocupan por pérdidas materiales; otros sufren físicamente y muchos más tienen el corazón quebrantado. Una sonrisa franca y sincera de su parte revelará el gozo y la esperanza que hay en usted por Cristo. Haga brillar en otros el sol de su felicidad (1 Tesalonicenses 5:16).
2. *Su cordialidad.* La cordialidad y la cortesía dignifican al que

las brinda y agrada al que las recibe. Los cristianos deben abundar en esto (Tito 3:2).

3. *Su testimonio ante el mundo.* Comparta con otros su experiencia en el Señor. Si toma en cuenta las dos sugerencias anteriores, lo más probable es que se le abra la oportunidad de hablar de Cristo con las personas que están a su alcance. Haga uso de sencillez y claridad al conversar con otros acerca del evangelio (1 Pedro 3:15).

4. *Sea un buen conversador.* El mejor conversador, el que gana amigos desde su primer encuentro, es aquel que escucha y entiende a su interlocutor. Muchos necesitan ser oídos y comprendidos. Usted puede lograr lo que quiera si es un buen oidor. Deje que se vacíe el corazón de la persona que le habla; luego usted podrá decirle lo que quiera.

C. *La participación del cristiano en la comunidad*

1. *Participe en los proyectos de acción social.* Uno de los distintivos del cristianismo es el amor por los necesitados. Ya vimos cómo los creyentes de las iglesias griegas ofrendaban para los pobres (2 Corintios 8:1-5). Hágase notar en cualquier proyecto comunitario, pero no para su propia fama sino para que el nombre de Dios sea glorificado (Mateo 5:14-16).

2. *Su papel en la política.* En el buen sentido de la palabra, todo cristiano debiera ser político. La palabra «política» deriva del término griego *polis,* que significa «ciudad». En otras palabras, cualquiera que vive en una ciudad (*polis*) es un político (*politicós*). En ese sentido es su deber votar, contribuir y velar por la buena marcha social y moral de su comunidad. Sin embargo, el cristiano no debe identificarse con ideologías tendenciosas y demagógicas.

E X A M E N   D E   R E P A S O

Analice y conteste las siguientes preguntas en un papel separado.

1. ¿Cuál fue la primera institución que estableció Dios personalmente en la tierra?

2. Mencione las tres dimensiones del amor que debe haber entre esposos.

3. Haga comentarios y sugiera ejemplos acerca del deber de «la confianza» mutua entre esposos.

4. ¿Cómo puede el esposo «honrar» a su mujer?

5. ¿Cómo puede el esposo «consolar» a su esposa?

6. ¿Qué clase de mujer se describe en Proverbios 31:13-24?

Conteste estas otras preguntas con «Falso» o «Verdadero»:

1. _____ La puntualidad es indicación de interés.

2. _____ Podemos conversar en el templo a la hora del culto.

3. _____ Debemos saludar a todos los que podamos.

4. _____ Los cristianos deben abundar en cordialidad y cortesía.

5. _____ El buen conversador es aquel que solo habla.

P A R A   R E F L E X I O N A R

¿Cuál es su postura en cuanto a que los cristianos no deben participar en política? Explique.

CAPÍTULO 7

Importancia del estudio bíblico

«Ustedes estudian con diligencia las Escrituras porque piensan que en ellas hallan la vida eterna. ¡Y son ellas las que dan testimonio en mi favor!» (Juan 5:39).

Introducción

La vida cristiana es una carrera ascendente. Usted ya ha avanzado bastante en su trayectoria en el Señor, pero aún puede crecer más. El apóstol Pedro dice: «Más bien, crezcan en la gracia y en el conocimiento de nuestro Señor y Salvador Jesucristo» (2 Pedro 3:18). Hasta donde sabemos, la Biblia es el único medio de alcanzar esta clase de crecimiento, ya que ella nos conduce a las experiencias de la realidad cristiana. Además ya hemos dicho que la Palabra de Dios es pan celestial, agua de vida, lámpara encendida y espada de dos filos (Mateo 4:4; Juan 4:10; Salmo 119:105; Hebreos 4:12). En este capítulo se da una introducción al estudio de la Biblia. Veremos el proceso de la escritura y conservación de los documentos sagrados, así como la mejor manera de estudiar su mensaje para beneficio personal y para compartirlo con otros (2 Timoteo 3:15).

I. Breve historia de la inspiración y escritura de la Biblia

A. *¿Quién es el autor de las sagradas Escrituras?*

1. *La inspiración vino de Dios.* «Toda la Escritura es inspirada por Dios» (2 Timoteo 3:16). Dios siempre se ha comunicado con sus criaturas. En el huerto del Edén habló personalmente con el hombre (Génesis 2:4-25). Cuando el hombre pecó, la Palabra de Dios vino por medio de los patriarcas, hasta que dio la ley por medio de los ángeles (Hechos 7:53). Pero luego inspiró a los profetas por medio del Espíritu Santo (2 Pedro 1:21). La inspiración fue esa influencia divina que capacitó a los santos hombres de Dios para recibir el mensaje y transmitirlo sin mezcla de error.

2. *Los escritores obedecieron a Dios.* La escritura de la Biblia fue realizada por hombres de Dios. Dios llenó con su Espíritu a hombres como Moisés, Josué, Samuel, David y todos los profetas para que escribieran los libros que vinieron a formar el Antiguo Testamento en los idiomas hebreo y arameo. Más tarde ungió a los apóstoles y algunos evangelistas para que escribieran el Nuevo Testamento en griego. Más de cuarenta hombres, de distintas épocas y culturas fueron los autores humanos de las Escrituras, pero el divino Coordinador de todo fue el Espíritu Santo por obra de Dios. Se llama revelación lo que Dios les comunicaba, e inspiración lo que ellos ya sabían, pero que, registraban bajo la dirección del Espíritu Santo.

B. *¿Cuándo y en cuánto tiempo se escribió la Biblia?*

1. *Desde 1500 a.C. hasta 100 d.C.* La escritura del Antiguo Testamento se inició aproximadamente en el año 1500 a.C., cuando Moisés escribió el Pentateuco, y concluyó en el año 400 a.C., con la producción del libro de Malaquías. El Nuevo Testamento se escribió en el primer siglo de la era cristiana. De manera que la escritura de todos los libros de la Biblia se realizó en un lapso de 1600 años.

2. *Importancia de la historia bíblica.* Es muy importante conocer la época en que se escribió cada libro de la Biblia así como las circunstancias que rodearon a cada autor y a sus lectores. En estos estudios solo se da cierta orientación general. Más tarde usted podría dedicar más tiempo para ver otros materiales.

C. *Las cuatro épocas del Antiguo Testamento*

1. *La época primitiva: representada por Job, Moisés y Josué (1500-1400 a.C.).* Job fue el primer libro en escribirse, antes del año 1500 a.C., cuyo autor pudo haber sido Job, Eliú o Moisés. El Pentateuco fue escrito por Moisés en 1500 a.C. En Génesis coleccionó una revelación de la creación, seguida por una compilación de historias y genealogías desde el diluvio hasta el establecimiento del pueblo de Israel en Egipto. En Éxodo, Levítico y Números se describe la salida de Israel de Egipto, la institución de la ley, el sacerdocio y la peregrinación en el desierto. Deuteronomio es una repetición de la ley antes de entrar a la tierra prometida. Josué escribió su libro sobre la entrada triunfal de Israel a Canaán.

2. *Época de los reyes: representada por Samuel, David, Salomón y los profetas preexílicos (1100-600 a.C.).* Los primeros libros que escribió Samuel fueron el de los Jueces y el de Rut. Después escribió los dos que llevan su nombre y que describen el período desde el sacerdote Elí hasta el rey Saúl. Otros siervos de Dios escribieron los libros de los Reyes y las Crónicas, que abarcan los períodos del reino unido, desde Saúl hasta Salomón (1000-800 a.C.) y los dos reinos, Judá e Israel, desde Roboam hasta el exilio babilónico (880-600 a.C.).

En esa misma época, entre 1000 y 900 a.C., David y otros escribieron los Salmos y Salomón escribió Proverbios, Eclesiastés y Cantares. Simultáneamente surgieron los profetas preexílicos, es decir, los que profetizaron y escribieron antes del cautiverio babilónico: Jonás, Joel, Amós, Oseas, Miqueas e Isaías. Los mensajes de estos profetas condenaban el pecado de Israel y demandaban el arrepentimiento. La rebeldía del pueblo condujo al cautiverio del reino de Israel por Asiria en el año 722 a.C. Más tarde surge otro grupo de escritos proféticos: Nahum, Habacuc, Sofonías y Abdías. El reino de Judá no aprendió la lección, y a pesar del ministerio del profeta Jeremías, el pecado hizo que cayera Jerusalén y fuera llevado el pueblo de Judá cautivo a Babilonia en el año 605 a.C.

3. *La época del cautiverio, representada por Jeremías, Ezequiel y Daniel (600-530 a.C.).* Estos fueron setenta años de ruina y destrucción. Jeremías estaba predicando en Jerusalén cuando los babilonios llevaron cautiva a Judá. Él decidió quedarse con el remanente en Judá y finalmente fue llevado a Egipto. Al principio de este período Dios levantó en Babilonia al profeta Ezequiel quien exhortaba al pueblo cautivo y también escribió sus mensajes. Después de esto, Jeremías escribió el libro que lleva su nombre y el de Lamentaciones. Ya en la última parte del cautiverio, Daniel escribe su libro con las grandes visiones apocalípticas.

4. *La época de la restauración, representada por Hageo, Zacarías, Ester, Esdras, Nehemías y Malaquías (500-400 a.C.).* Cuando los reyes medopersas dieron libertad a los judíos, estos volvieron a Judá y reconstruyeron Jerusalén y el templo. Eso se logró por el liderazgo de Esdras y Nehemías y la predicación de los profetas antes mencionados. Los primeros en escribir fueron Hageo y Zacarías. Mardoqueo escribió el libro de Ester. Más tarde el sacerdote Esdras escribió su libro y compiló el Antiguo Testamento. Nehemías escribió en ese mismo tiempo. El último en escribir en esta época fue Malaquías.

D. *Las dos épocas en que se escribió el Nuevo Testamento*

1. *La época de mediados del primer siglo.* Este período fue representado por Mateo, Pablo, Santiago, Pedro, Marcos, Lucas, Hebreos y Judas (45-70 d.C.). El ministerio de Jesús y los discípulos se llevó a cabo a partir del año 30; pero por un

lapso como de 15 años nadie se empeñó en escribir nada. Esto quizás se debió a que contaban con el testimonio oral de los apóstoles. Pero poco a poco empezaron a aparecer historias de Juan el Bautista, María y especialmente Jesús. Cuando la iglesia era predominantemente judía pudo haberse escrito el Evangelio de Mateo. Después surge Pablo con su obra misionera y sus primeras epístolas: a los Tesalonicenses, Corintios, Gálatas y Romanos. La epístola de Santiago también corresponde a este tiempo. Bajo la influencia de Pedro, Juan Marcos escribió el segundo evangelio.

A partir del año 60 d.C. empezó a generalizarse la persecución contra la Iglesia. Pablo fue encarcelado y escribió Efesios, Colosenses, Filipenses y Filemón. En ese tiempo escribió Lucas su evangelio y los Hechos. Aparecen también las cartas de Pedro y la epístola a los Hebreos. El último grupo de escritos de esta época fueron las epístolas de Pablo a Timoteo y Tito. La epístola de Judas también pudo haber aparecido en este período.

2. *La época de finales del primer siglo.* Esta última etapa de la producción del Nuevo Testamento estuvo a cargo de Juan (90-100 d.C.). El apóstol Juan supervisaba las iglesias de Asia. Al rededor del año 90 escribió su evangelio y las tres epístolas. que llevan su nombre. Por predicar el evangelio fue desterrado a la isla de Patmos. Allí escribió el libro de Apocalipsis, en el que registró las visiones de los juicios de Dios y el triunfo de la iglesia.

E X A M E N   D E   R E P A S O

Relacione las épocas con los escritores de la Biblia, poniendo la letra de la columna de abajo que corresponde a cada línea de la columna de arriba:

1. _____ La época de los reyes

2. _____ La época primitiva

3. _____ La época de mediados del primer siglo

4. _____ La época del cautiverio

5. _____ La época de restauración

6. _____ La época de finales del primer siglo

   a. Job, Moisés y Josué

   b. Samuel, David, Salomón y los profetas preexílicos

   c. Jeremías, Ezequiel y Daniel

   d. Esdras, Nehemías, Ester, Hageo, Zacarías y Malaquías.

   e. Marcos, Mateo, Pablo, Santiago, Pedro, Lucas, Hebreos y Judas

   f. Juan

P A R A   R E F L E X I O N A R

«Toda la Escritura es inspirada por Dios y útil para enseñar, para reprender, para corregir y para instruir en la justicia, a fin de que el siervo de Dios esté enteramente capacitado para toda buena obra» (2 Timoteo 3:16-17).

II. Conservación y transmisión de la Biblia

A. *Conservación del Antiguo Testamento*

1. *Cuidaron de él los sacerdotes y escribas.* Como lo señalamos en la sección anterior, el libro de Job es una obra patriarcal que pudo haber sido escrita unos quince siglos antes de Cristo. El Pentateuco, conocido también como los cinco libros de la ley, fue escrito por Moisés y quedó bajo el cuidado de los sacerdotes. Al Pentateuco se sumaron los libros históricos, desde Josué hasta Ester y fueron custodiados por los escribas. Los libros poéticos, los profetas mayores y los menores fueron organizados por Esdras y siguieron bajo el cuidado de los sacerdotes y los escribas.

2. *Los 39 libros del Antiguo Testamento se dividen en cinco grupos.* En primer lugar hay que tomar en cuenta que los libros no aparecen en la Biblia en el orden en que fueron escritos. Por ejemplo, Job aparece a la mitad de la Biblia, pero en realidad fue escrito antes que el Génesis. La clasificación y colocación de estos escritos en el sagrado volumen tiene que ver más bien con su tipo de literatura o tamaño. El Antiguo Testamento se divide en cinco partes. Trate de aprenderlas con sus libros correspondientes.

B. *Organización del Antiguo Testamento*

1. *La ley o Pentateuco: Génesis, Éxodo, Levítico, Números y Deuteronomio.* Los segmentos históricos de esta primera división se encuentra en Génesis, desde la creación hasta la entrada de los israelitas a Egipto. En Éxodo y parte de Números se describe la salida del pueblo de Israel de Egipto y su peregrinación por el desierto de Arabia. El resto del Pentateuco se conoce como «la ley».

2. *Libros históricos: Josué, Jueces, Rut, 1 y 2 Samuel, 1 y 2 Reyes, 1 y 2 Crónicas, Esdras, Nehemías y Ester.* Josué y Jueces describen la conquista de la tierra de Canaán y la repartición de las doce tribus. Desde Rut hasta 2 Crónicas se narran los principales incidentes de la historia de Israel bajo el reino unido y luego, bajo el reino dividido, hasta el exilio babilónico. Desde Esdras hasta Ester se describe el regreso de los judíos a Palestina.

3. *Libros poéticos: Job, Salmos, Proverbios, Eclesiastés y Cantares.* Esta literatura, conocida también como «sapiencial» es la parte poética del Antiguo Testamento. El drama de Job, la liturgia de los salmos y la sabiduría de Proverbios y Eclesiastés constituyen un legado de reflexión, adoración y disciplina.

4. *Libros de los profetas mayores: Isaías, Jeremías, Lamentaciones, Ezequiel y Daniel.* Estos libros aparecen primero en la Biblia por su tamaño, no por la cronología de su contenido.

Isaías fue escrito siete siglos antes de Cristo, antes del exilio, mientras que Jeremías, Ezequiel y Daniel escribieron durante el exilio de Babilonia.

5. *Libros de los profetas menores: Oseas, Joel, Amós, Abdías, Jonás, Miqueas, Nahum, Habacuc, Sofonías, Hageo, Zacarías y Malaquías.* Se llaman «menores» por su tamaño, no por su importancia. Los más antiguos son desde Oseas hasta Nahum. Habacuc y Sofonías escribieron durante el exilio. Solo los últimos tres pertenecen al período postexílico o de restauración. Con Malaquías (400 a.C.) se cierra la profecía inspirada del Antiguo Testamento.

C. ¿Cómo llegó el Antiguo Testamento a los cristianos?

1. *Su compilación.* Después de que Esdras compiló, revisó y organizó los libros del Antiguo Testamento, después del regreso del cautiverio, los judíos cuidaron de estos documentos como se cuida un tesoro especial. Hubo un período de 400 años de silencio, entre Malaquías y Cristo. En ese tiempo aparecieron otros escritos los cuales no fueron aceptados como parte del Antiguo Testamento. Estos llevan al nombre de «apócrifos» hasta hoy, porque no se cree que hayan sido inspirados por el Espíritu Santo. Sin embargo, los judíos los conservaron entre sus escritos y aparecen en las versiones católicas de la Biblia.

2. *Su traducción al griego.* Entre los años 250 y 150 a.C., un grupo de 70 escribas judíos tradujeron el Antiguo Testamento del hebreo al griego. El trabajo se realizó en Alejandría, Egipto, bajo el reino de Ptolomeo Filadelfo. El idioma griego se empezó a hablar en Israel desde el siglo tercero a.C. De manera que cuando Jesús estuvo en Palestina el idioma que se hablaba allí era el griego. «La ley», «los profetas» y «los Salmos», o sea el Antiguo Testamento que usaban era la traducción de los 70, mejor conocida como la «Septuaginta».

D. *Cómo se conservó el Nuevo Testamento*

1. *Compilación del Nuevo Testamento.* La iglesia fue deposita-

ria de los escritos del Nuevo Testamento, así como los judíos habían servido como custodios del Antiguo Testamento. Cada iglesia guardó en su poder los libros y epístolas que logró adquirir. Más tarde, ya en el siglo tercero de nuestra era, empezaron a formarse compilaciones de dichos escritos. La conservación tanto del Antiguo como del Nuevo Testamento fue una obra del Señor para bien de la iglesia a través de los siglos.

2. *Las divisiones del Nuevo Testamento.* Los 27 libros del Nuevo Testamento se dividen en cinco grupos: (a) Biografía: Mateo, Marcos, Lucas y Juan. (b) Historia: el libro de los Hechos de los Apóstoles. (c) Epístolas paulinas: Romanos, 1 y 2 Corintios, Gálatas, Efesios, Filipenses, Colosenses, 1 y 2 Tesalonicenses, 1 y 2 Timoteo, Tito y Filemón. (d) Epístolas generales: Hebreos, Santiago, 1 y 2 Pedro, 1,2 y 3 Juan y Judas. (e) Profecía: el libro de Apocalipsis.

E X A M E N   D E   R E P A S O
Complete las siguientes oraciones, poniendo en cada línea la palabra que corresponde:

1. Los 39 libros del Antiguo Testamento se dividen en ___ grupos: El P_____, los libros h_____ los libros poéticos, los profetas m_____ y los profetas menores.

2. Los cinco primeros libros, o «Pentateuco», fueron escritos por _____, alrededor del año _____ a.C.

3. Los libros históricos son doce, desde _____ hasta _____.

4. Hubo un período de aproximadamente _____ años entre Malaquías y Cristo, durante el cual no se escribieron libros inspirados.

5. Los libros _____ no fueron aceptados como parte del Antiguo Testamento por no ser inspirados divinamente.

6. La conservación, tanto del Antiguo como del Nuevo Testamento fue una obra de _____ para bien de la iglesia.

P A R A   R E F L E X I O N A R

Así como es imposible hundir en el agua un globo lleno de aire, también es imposible que la Biblia sea hundida y destruida, porque está llena de la inspiración divina.

III. Cómo estudiar la Biblia para crecer en la fe

A. *Reconozca que la Biblia es la Palabra de Dios*

1. *Dios llenó con su Espíritu a los que la escribieron.* El primer requisito para que el cristiano aproveche bien el estudio de la Biblia es reconocer que aunque intervinieron agentes humanos en la recepción, transmisión y escritura de su contenido, el mensaje es «la Palabra de Dios». El Espíritu Santo usó a más de 40 autores, en varios países del mundo, en un período de más de 1600, años para darnos un mensaje claro, consistente y actualizado. Sin él no sabríamos nada de Dios, el cielo, el hombre, el diablo y el pecado. Tampoco sabríamos nada sobre la salvación y las bendiciones de Dios. Todo el mundo estaría hundido en el paganismo.

2. *Dios la ha preservado del error y la extinción.* Muchos han tratado de destruir la Palabra de Dios, pero no lo han logrado. El pueblo antiguo apedreaba y mataba a los profetas para no oír su mensaje (Mateo 23:37). Un gobernante destruyó físicamente un rollo que contenía el mensaje que condenaba su pecado (Jeremías 36:23, 24). Durante la persecución tanto de los judíos como de la iglesia, el diablo ha luchado por destruir

las Sagradas Escrituras. Las hordas invasoras del norte quisieron acabar con toda la herencia literaria del cristianismo en Europa en los primeros siglos de esta era. Los mahometanos lucharon ferozmente contra la fe cristiana. Mil años más tarde, el racionalismo también la atacó. Podemos mencionar, como ejemplo, al incrédulo filósofo francés Voltaire, quien anunció el exterminio del cristianismo y la desaparición total de la Biblia en menos de cien años. Sin embargo, ha sido todo lo contrario. La Biblia es el libro más leído en el mundo entero.

3. *Dios ha hablado al mundo por medio de ella.* El mensaje de fe, amor y justicia que hay en la Biblia ha hecho más impacto en la humanidad que cualquier otro libro. Los gobiernos han basado sus leyes en ella. Los científicos han hallado en sus páginas valiosa información. La historia y la geografía se han orientado y enriquecido en su contenido. La moral y la fe se han elevado en el mundo a raíz de su mensaje. Millones de personas han sido salvas del pecado por medio del plan de salvación que ella presenta. La Biblia ha contrarrestado el ateísmo, la inmoralidad, la idolatría, el demonismo y las ideologías extremas, como el comunismo materialista, por una parte, y la opresión esclavista por la otra.

4. *Por medio de ella, el Espíritu Santo habla a la humanidad:* (a) Convence y conmueve al pecador. La Biblia es el espejo que nos revela nuestros defectos y nos lleva a quien los puede corregir (Santiago 1:23). Ella obró poderosamente en los corazones de los que escuchaban la predicación de Pedro (Hechos 2:37). El escritor de Hebreos la compara a una espada de dos filos (Hebreos 4:12). (b) Es instrumento de vida espiritual. La Biblia es el medio que Dios usa para darle vida al pecador. «Por su propia voluntad nos hizo nacer mediante la palabra de verdad» (Santiago, 1:18). El creyente renace «mediante la palabra de Dios que vive y permanece» (1 Pedro 1:23).

5. *Con ella sustenta el alma del creyente.* Es pan que alimenta el espíritu, como el pan material alimenta al cuerpo (Mateo 4:4). El cristiano debe desearla así como un niño recién nacido desea la leche (1 Pedro 2:2).

6. *Tiene poder para santificar al creyente.* En su oración intercesora, Jesús pidió al Padre que santificara a los creyentes con su Palabra: «Santifícalos en la verdad; tu palabra es la verdad» (Juan 17:17).

7. *Dios le ha dado un poder liberador.* La Palabra de Dios libera al hombre de la mentira y el pecado (Juan 8:32,34).

8. *Tiene poder contra el diablo.* Dios le concede al cristiano una victoria definitiva contra Satanás por medio del poder intrínseco de la Palabra (Mateo 4:4,7,10,11).

9. *Es el mensaje que debe compartir con otros.* El estudio de la Palabra de Dios lo capacitará para evangelizar a otros y guiarlos a los pies de Jesucristo.

B. *Reconozca al Autor de la Biblia y obedezca su voz*

1. *Conozca a Dios más íntimamente cada día.* El que no conoce al Señor tampoco podrá entender su Palabra. La mejor manera de entender un libro es conocer personalmente a su autor; lo mismo sucede con la Biblia. Usted ya conoce al Señor y ya empezó a cultivar una relación íntima con él. Un hijo entiende bien el testamento de su padre. Usted, como hijo de Dios, no tendrá dificultades en el estudio de las Escrituras (Juan 1:1,2).

2. *Es importante que dependa de la oración.* La oración reverente y humilde es indispensable para un estudio provechoso de la Palabra de Dios.

3. *Estudie con una actitud obediente.* «Por tanto, todo el que me oye estas palabras y las pone en práctica es como un hombre prudente que construyó su casa sobre la roca» (Mateo 7:24).

4. *Sea sistemático.* La Biblia no es un libro de historia ni una novela que tenga que ser leída libro por libro o capítulo por

capítulo para poderle hallar el sentido. Cada verdad vale y
obra por sí. Sin embargo, es recomendable seguir un plan de
lectura para beneficio personal. Lea Lucas, Juan, Hechos y Romanos. Después lea Salmos, Proverbios, Hebreos, y luego es-
coja los pasajes que más le interesen.

E X A M E N   D E   R E P A S O
Responda con las palabras «Falso» o «Verdadero»:

1. _____ El mensaje de la Biblia es de origen humano.

2. _____ La Biblia es el libro más vendido en el mundo
   entero.

3. _____ Nadie ha tratado de destruir la Biblia.

4. _____ La Biblia es como un espejo que nos revela
   nuestros pecados.

5. _____ La mejor manera de entender un libro es conocer a
   su autor.

6. _____ La Biblia no es un libro de historia

P A R A   R E F L E X I O N A R

*¿Cuáles son algunas razones para estar seguros de que la Biblia
es la Palabra de Dios?*

IV. Cómo estudiar la Biblia para compartirla con otros

A. *El lugar de la enseñanza bíblica en la iglesia*

La Biblia es la revelación de la voluntad de un Dios que siempre se ha comunicado con su pueblo. Por lo tanto, es deber de
todo creyente percibir, entender y obedecer este mensaje o

kerygma divino para luego comunicarlo a otros. La iglesia es la
agencia de instrucción en la Palabra de Dios. Los más maduros en
la fe tienen el deber de instruir en la Palabra a los demás. Usted tendrá bellas oportunidades de cooperar en la docencia cristiana en la
escuela dominical, en campamentos cristianos o en cualquier ocasión en que fuere necesario. A continuación le ofrecemos algunas
sugerencias para su preparación.

B. *Estudie la Biblia históricamente*

La Biblia no es un libro de historia, pero un setenta y cinco por
ciento de su contenido es histórico. Aun la ley, la poesía, la profecía y las epístolas se presentan en un trasfondo histórico. Es necesario, por lo tanto, que todo estudiante bíblico se entere lo mejor
que pueda de las circunstancias en que fue escrito el pasaje que es-
tudia, así como los efectos que causó en los lectores. Siga el consejo de estudiar las épocas de la Biblia: la creación, el diluvio, la dise-
minación de las razas, el llamamiento de Abraham, la entrada de
Israel a Egipto y su salida de allí, la peregrinación en el desierto, la
entrada a la tierra de Canaán, los jueces, los reyes, el cautiverio asi-
rio, el cautiverio babilónico, la restauración y el período intertesta-
mentario. Lo mismo se aplica al estudio del Nuevo Testamento.

C. *Estudie la Biblia geográficamente*

1. *Hay mucha geografía en las Escrituras.* ¿Dónde estaba la
   ciudad de Ur? ¿Dónde están el monte Sinaí, el mar Muerto,
   Belén, Decápolis, Filipos, Corinto o la isla de Patmos? No es
   necesario conocer la geografía bíblica para ser un buen cristiano, pero sí se necesita un ligero dominio de ella para entender
   mejor el mensaje de Dios.

2. *Importancia de la geografía histórica.* Podemos decir que
   los elementos históricos, geográficos y literarios son el envol-
   torio en que se conserva la Palabra de Dios para el creyente.
   La trayectoria de los patriarcas, la peregrinación de Israel, la
   relación de Israel con los imperios mundiales, la vida y el ministerio de Jesús, el avance del evangelio en el primer siglo;

todas son etapas históricas y áreas geográficas cuyo conocimiento hará muy fácil el estudio y la enseñanza de la Biblia.

D. *Estudie la Biblia gramaticalmente*

1. *Importancia de la gramática.* Las nueve partes de la oración, los accidentes del verbo, la etimología de las palabras; todos los aspectos de la gramática son elementos esenciales para el análisis del texto bíblico. Si una persona no sabe leer un libro común y corriente, se le dificultará mucho más entender el contenido de la Biblia. Pero gracias a Dios que siempre hay hermanos dispuestos a ayudar en la comprensión del Libro de los libros.

2. *Importancia del contexto.* Todo pasaje debe leerse como parte de su contexto, no como una cosa aislada e independiente. Algunas sectas usan textos fuera de contexto, pero solo como pretexto para tratar de justificar sus ideas erróneas.

3. *¿Cómo se originaron los capítulos y versículos? Las divisiones de capítulos y versículos no fueron hechas por los autores sino que se agregaron posteriormente para facilitar su lectura y estudio.* Eso fue un aporte de los monjes y eruditos de la era medieval. Por una parte facilita la lectura y la localización de los pasajes; pero a veces interrumpen la corriente original de los pasajes. Por eso muchos temas o asuntos no concluyen donde terminan los capítulos.

4. *El sentido primario de la Biblia es literal.* Después hay que poner atención a las figuras; como las parábolas, los tipos, los hebraísmos y otros recursos literarios que existen especialmente en Apocalipsis.

E. *Distinga lo espiritual de lo material*

La Biblia es un mensaje celestial, dado a criaturas terrenales. Habla del cielo pero también de la tierra. Es deber del estudiante averiguar la naturaleza del pasaje que lee. Tan peligroso es darle un sentido material a lo que es espiritual, como espiritualizar lo literal.

E X A M E N   D E   R E P A S O

Analice y conteste estas preguntas en papel separado.

1. De acuerdo con 2 Timoteo 3:16, ¿quién inspiró las Escrituras?

2. ¿Qué tipo de hombres, y a cuántos usó Dios para la escritura de la Biblia?

3. ¿Cuándo se inició la escritura del Antiguo Testamento?

4. Mencione las cuatro grandes épocas en que se escribió el Antiguo Testamento.

5. ¿Quién escribió el libro de Rut? ¿Quién escribió el libro de Ester?

6. ¿Quién escribió el libro de los Hechos de los Apóstoles?

7. ¿Quién escribió Apocalipsis? ¿Cuándo? ¿Dónde?

8. Mencione las cinco divisiones del Antiguo Testamento.

9. Mencione las cinco divisiones del Nuevo Testamento.

CAPÍTULO 8

Prepárese para el servicio del Señor

«...cómo se convirtieron a Dios dejando los ídolos para servir al Dios vivo y verdadero...» (1 Tesalonicenses 1:9). «Porque ustedes han sido llamados a ser libres; pero no se valgan de esa libertad para dar rienda suelta a sus pasiones. Más bien sírvanse unos a otros con amor» (Gálatas 5:13).

Introducción

En los primeros capítulos de esta obra destacamos la necesidad que tiene el creyente nuevo de integrarse a las filas militantes de la iglesia para desarrollar espiritualmente. La comisión de Cristo a la iglesia consiste en hacer «discípulos de todas las naciones» (Mateo 28:19). La palabra «discípulo» proviene de «disciplina», y esta consiste de la aceptación y obediencia de las enseñanzas de un maestro. En el discipulado cristiano hay un costo y también hay recompensas. Uno de los distintivos del discípulo cristiano es su ardiente deseo de ganar nuevos discípulos. Este proceso es conocido como «evangelización», ya que la mira del creyente es poder alcanzar con el evangelio a otros para hacerlos discípulos del único Maestro, Cristo Jesús.

I. El costo del discipulado cristiano

A. *Las cinco pruebas del discipulado (Lucas 9:23-26)*

1. *Negarse a sí mismo.* «Dirigiéndose a todos, declaró: —Si alguien quiere ser mi discípulo, que se niegue a sí mismo» (versículo 23). Cierta persona dijo, hablando del conflicto interno que había en él: «Mi peor enemigo soy yo mismo». El discípulo de Cristo tiene que aprender a decir «no» a sus gustos y preferencias personales. A veces hay que renunciar a compromisos, invitaciones y actos que puedan estorbar el desarrollo del servicio cristiano o la comunión con Dios. El egoísmo es contrario a la voluntad de Dios. El discípulo cristiano tiene que abandonar todo lo que no agrada a su Maestro.

2. *Llevar su propia cruz.* Jesús dijo: «Si alguien quiere ser mi discípulo... lleve su cruz cada día» (versículo 23). Desde la muerte de Jesús, la cruz vino a ser símbolo de responsabilidad, carga y sacrificio personal. La palabra griega que usó Jesús fue *staurós*, traducida «cruz», que sugiere muerte o pena capital. Pero el discípulo no tiene que llevar la cruz de Cristo, como si la salvación fuera por obras o sacrificios humanos. Tampoco es una cruz de muerte o juicio. La cruz del discipulado es de servicio y de amor sacrificial. El que no quiera llevar una cruz... tampoco ceñirá una corona.

3. *Seguir al Maestro.* La vida cristiana no es solo de negaciones, prohibiciones y privaciones. Hay una senda que transitar, un ejemplo que seguir. «Dirigiéndose a todos, declaró: —Si alguien quiere ser mi discípulo... me siga» (versículo 23). Hay muchos maestros, muchas filosofías, muchos caminos. Pero el cristiano da la espalda a todo lo demás por seguir a Cristo Jesús.

4. *Consagrar su vida.* «El que pierda su vida por mi causa, la salvará» (versículo 24). Las persecuciones y los ataques del enemigo abundan en el servicio cristiano. El diablo no ataca a los creyentes ociosos, ni a los que se esconden tras las paredes del templo o en la intimidad de su hogar. Pero estos

tampoco pueden esperar nada de Dios. Pero la vida no es necesariamente buscar la muerte por homicidio. Es más bien la consagración de la que habla Pablo: «Ya no vivo yo sino que Cristo vive en mí. Lo que ahora vivo en el cuerpo, lo vivo por la fe en el Hijo de Dios, quien me amó y dio su vida por mí» (Gálatas 2:20).

5. *No avergonzarse del evangelio.* «Si alguien se avergüenza de mí y de mis palabras, el Hijo del hombre se avergonzará de él cuando venga en su gloria y en la gloria del Padre y de los santos ángeles» (versículo 26). Hubo un tiempo en que era una cosa muy seria, muy peligrosa, decir «soy evangélico». Pero ahora la obra de Dios se ha extendido tanto que los que deben avergonzarse son aquellos que no han reconocido a Cristo como su Señor y Salvador. Pablo tenía una razón para no avergonzarse de Cristo: «No me avergüenzo del evangelio, pues es poder de Dios para la salvación de todos los que creen» (Romanos 1:16).

B. *Tres ejemplos negativos del discipulado (Lucas 9:57-62)*

1. *El que actúa por mera emoción.* Este es el que sin haberse profundizado lo suficiente en la experiencia cristiana y sin darse cuenta del costo del discipulado pretende seguir a Jesús. «Iban por el camino cuando alguien le dijo: —Te seguiré a dondequiera que vayas» (versículo 57). Este era un escriba (Mateo 6:19) que tenía muy buenas intenciones, pero no pasó de allí. Jesús le advirtió en el versículo 58 que no hay atracciones materiales en el discipulado cristiano. Hasta donde sabemos, este hombre nunca hizo lo que dijo. ¿Hay muchos emocionales hoy, que solo hacen el intento?

2. *El que posterga la acción.* «A otro le dijo: —Sígueme. —Señor —le contestó—, primero déjame ir a enterrar a mi padre. —Deja que los muertos entierren a sus propios muertos, pero tú ve y proclama el reino de Dios» (versículos 59,60). No hay nada de malo en honrar a los padres, hasta el momento

de su sepultura, pero parece que este hombre solo estaba presentando una excusa para postergar su respuesta al Señor. La Biblia no fomenta la ingratitud ni la irresponsabilidad hacia la familia. Pero hay momentos en que el discípulo cristiano tiene que dar prioridad a la obra de Dios (Mateo 6:33).

3. *El que da prioridad a los compromisos sociales.* En los versículos 61,62 se habla de uno que quería ser discípulo de Cristo pero le interesaban más los amigos y los compromisos mundanos. Jesús lo comparó con el que va arando el surco pero tiende a mirar «hacia atrás». El resultado tiene que ser un surco torcido. Esto no quiere decir que usted no puede tener amigos. Por el contrario, es cuando más amistades puede tener. Incluso, puede conservar las antiguas, pero ahora usted tiene la Palabra de Dios. Su deber es ganar para el Señor a todos los que lo rodean.

E X A M E N   D E   R E P A S O

Complete cada oración:

1. La palabra «discípulo» proviene de disciplina y esta consiste en la _____ y _____ de las enseñanzas de un maestro.

2. Desde la muerte de Jesús, la cruz vino a ser símbolo de _____, _____ y _____.

3. El cristiano da la espalda a todo por _____ a Cristo.

4. El que pierde su vida por causa de Cristo la _____.

5. Todo cristiano debería decir «no me _____ del evangelio», como dice Pablo en Romanos 1:16.

Enumere los elementos siguientes:

1. Mencione las cinco pruebas del discipulado, como se presentan en esta sección, según las demandas de Jesús:

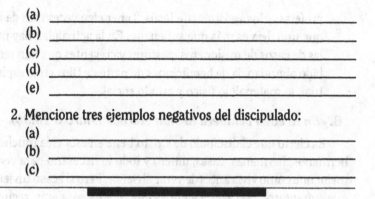

(a) _____

(b) _____

(c) _____

(d) _____

(e) _____

2. Mencione tres ejemplos negativos del discipulado:

(a) _____

(b) _____

(c) _____

II. Las recompensas del discipulado

A. *«Cien veces más ahora en este tiempo» (Marcos 10:30)*

1. *Una gran promesa.* Pedro, que siempre se tomaba la libertad de hablar por sus compañeros, le preguntó a Jesús cuál sería la recompensa de los que le seguían. «—¡Mira, nosotros lo hemos dejado todo por seguirte! —le reclamó Pedro—. ¿Y qué ganamos con eso?» (Mateo 19:27). Jesús le respondió con una gran promesa. La recompensa del Señor no se limita solamente a las bendiciones que uno puede recibir en esta vida, aunque esto es lo que a muchos les preocupa más. La respuesta de Jesús contiene una promesa doble: «—Les aseguro —respondió Jesús— que todo el que por mi causa y la del evangelio haya dejado casa, hermanos, hermanas, madre, padre, hijos o terrenos, recibirá cien veces más ahora en este tiempo... y en la edad venidera, la vida eterna» (Marcos 10:29,31).

2. *Numerosos testimonios.* Si usted se pregunta qué promesas hay para los que sirven a Dios, simplemente lea en la Biblia la manera en que fueron bendecidos los hombres y mujeres que se consagraron a Dios, como Abraham, Jacob, José, Moisés, Job, los levitas, Elías y Eliseo, así como todos los demás

profetas, y los apóstoles de Jesús. Tener cien veces más de lo que uno deja es más que suficiente. En la actualidad hay miles de casos de misioneros, pastores y creyentes que han recibido abundancia de bendiciones de parte de Dios en lo espiritual, lo material, lo físico y aun lo social.

B. *«En la edad venidera la vida eterna» (Marcos 10:30)*

Es cierto que el discípulo de Cristo tiene en esta vida muchos hermanos, hermanas, casas, dinero y todo lo necesario para vivir mejor que como vivía antes de venir al Señor. Pero si acaso tuviera que enfrentarse a escasez y algunas dificultades pasajeras, recuerde que hay una gloria incomparable en el cielo para los que sean fieles a Dios. Empiece a disfrutar ahora de estas bendiciones. Esto solo es un anticipo de lo que ha de gozar por la eternidad.

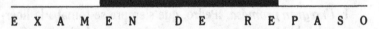

E X A M E N   D E   R E P A S O

Complete las oraciones siguientes, poniendo en las líneas las palabras que faltan:

1. Pedro, que siempre se tomaba la libertad de _____ por sus compañeros, preguntó qué recompensa tendrían por seguir a Jesús.

2. Pedro dijo que lo habían _____ todo y habían _____ a Jesús.

3. La promesa de Jesús es que sus discípulos recibirán «cien _____ _____ ahora en este tiempo».

4. Algunos hombres que dieron testimonio del cumplimiento de las promesas de Dios fueron: _____, _____, _____, _____.

5. Lo mejor de esta doble promesa es que nos dará «en la edad _____ la _____ eterna».

III. La evangelización como deber y privilegio del cristiano

A. Si en usted hay amor, comparta el evangelio con otros

1. *Amar es compartir lo bueno con otros.* La experiencia que usted ha tenido ha sido maravillosa. Sin duda querrá contarles su testimonio a las personas que ama: sus familiares, compañeros, amigos y a todos los que pueda alcanzar. El evangelio es la manifestación del amor de Dios en la persona de su Hijo Jesucristo. La evangelización es un acto de amor de parte del creyente hacia su prójimo.

2. *¿Siente usted el impulso del amor de Jesús?* ¿Podría usted ver a un ciego que camina hacia un precipicio sin saltar a detenerlo para que no perezca? Eso sucede cuando vemos a un pecador y no le avisamos que va rumbo a la perdición y que hay salvación en Cristo Jesús.

B. Veamos algunos casos bíblicos de evangelización

1. *Los que anunciaron el nacimiento de Jesús.* Los pastores de Belén encontraron a Jesús tal como el ángel les había indicado, y dieron testimonio de lo que habían visto y oído (Lucas 2:17,20).

2. *Ejemplos de los primeros discípulos.* Andrés trajo a su hermano Simón a Cristo, y Felipe trajo a Natanael (Juan 1:40-49).

3. *La mujer del pozo de Isacar.* La mujer samaritana dejó su cántaro y corrió a dar las noticias en el pueblo de que había visto al Mesías (Juan 4:28,30).

4. *El gadareno liberado.* El hombre de Gadara que fue liberado de los demonios fue a todos los pueblos de Decápolis, «y se puso a proclamar... lo mucho que Jesús había hecho por él. Y toda la gente se quedó asombrada» (Marcos 5:20).

5. *Los de la dispersión.* Cuando los cristianos primitivos fueron esparcidos por la persecución, en lugar de esconderse presentaron el evangelio en todos los lugares adonde llegaron,

primero a los judíos y luego a los gentiles, «y un gran número creyó y se convirtió al Señor» (Hechos 11:19-21).

C. *La evangelización es un deber de todo cristiano*

1. *Un mandamiento dado por Jesús.* (a) Los discípulos, así como los otros setenta fueron enviados con el mensaje de Dios (Lucas 10:1-9). (b) A los apóstoles, y por extensión a todos los cristianos, nos mandó a predicar el Evangelio «a toda criatura» (Marcos 16:15-16). (c) En la gran comisión hay un mandamiento explícito de ir y hacer «discípulos de todas las naciones» (Mateo 28:19). (d) Cuando Jesús estaba a punto de ascender al cielo mandó que sus seguidores fueran «testigos» de él desde Jerusalén «hasta los confines de la tierra» (Hechos 1:8). Ser testigo de Cristo es contar a otros las grandes cosas que Dios ha hecho en nuestra vida.

2. *Un mandamiento corroborado por los apóstoles.*

   (a) Pablo hace un llamado urgente a la evangelización en Romanos 10:13-15.

   (b) Pedro recomienda que estemos preparados para que demos el mensaje a todos acerca «de la esperanza que hay en ustedes» (1 Pedro 3:15).

D. *La evangelización es un privilegio especial*

1. *El ganar almas es una señal de distinción.* El proverbista Salomón tenía una estimación especial por los que se empeñan en ganar almas: «El fruto del justo es árbol de vida, y el que gana almas es sabio» (Proverbios 11:30, RVR60).

2. *Evangelizar es impartir justicia.* Hay una promesa eterna para los que enseñan la justicia de Dios. «Los sabios resplandecerán con el brillo de la bóveda celeste; —los que instruyen a las multitudes en el camino de la justicia —brillarán como las estrellas por toda la eternidad» (Daniel 12:3). Esa justicia no es otra sino la de Cristo a través del evangelio.

3. *No es un servicio en vano.* El evangelismo personal es un servicio, y hay grandes recompensas para los que sirven al Señor. «Quien quiera servirme, debe seguirme; y donde yo esté,

allí también estará mi siervo. A quien me sirva, mi Padre lo honrará» (Juan 12:26).

4. *Es un privilegio de parte de Dios.* Pablo consideraba como un privilegio de parte de Dios el ser comisionado como portador del mensaje de salvación. «Hablamos como hombres a quienes Dios aprobó y les confió el evangelio» (1 Tesalonicenses 2:4).

E X A M E N   D E   R E P A S O

Busque y anote las pruebas bíblicas que se piden aquí:

1. Describa dos casos bíblicos de personas que compartieron el evangelio con otros.

2. Cite dos versículos que hablen del deber de testificar a otros del Señor.

3. Cite dos versículos que enseñen que evangelizar a otros es un privilegio.

P A R A   R E F L E X I O N A R

Lea 2 Reyes 17 y haga una comparación entre la actitud de los leprosos ante las buenas noticias y la actitud de algunos creyentes ante la urgencia de anunciar el evangelio. Haga una aplicación personal.

IV. Cómo llevar almas a Cristo con éxito

A. *Consejos prácticos para el ganador de almas*

1. *La vida diaria es un libro abierto.* Su vida diaria es un mensaje práctico y evidente para sus amigos y vecinos y para todos los inconversos con quienes usted se encuentre. Sus

hechos, palabras y actitudes son cartas abiertas ante el mundo (2 Corintios 3:2).

2. *Su testimonio personal es un buen punto de partida.* Empiece contando su testimonio a cuantos pueda. Algunos temen evangelizar a los inconversos porque piensan que se necesita una gran capacitación bíblica y muchos argumentos para hablarles. Pero realmente todo lo que usted tiene que hacer para compartir el evangelio con otros es hablarles de su propia experiencia en el Señor: ¿Qué era usted antes de encontrarse con Cristo? ¿Cómo se sentía? ¿Qué cambio experimentó al recibir al Señor? ¿Qué pasó con los vicios que lo dominaban? ¿Cómo se siente ahora? ¿Qué consejo tiene usted para sus amigos?

3. *Ore al Señor para que el Espíritu Santo lo dirija en la evangelización de otros.* Recuerde que la obra la hace Dios y él le ha dado el Espíritu Santo para guiarlo, como guió a Felipe al eunuco etíope (Hechos 8 :29).

4. *Sea un buen conversador.* La conversación sencilla y natural es mejor que el interrogatorio mecánico que muchos utilizan para presentar el evangelio a sus amigos y vecinos. Como lo señalamos en otro capítulo, el mejor conversador es el que sabe escuchar y comprender a su interlocutor.

5. *Familiarícese con la Palabra de Dios.* Aprenda de memoria esos versículos que le ayudaron a reconocer a Jesucristo como su Salvador, y también los que siguen siendo de ayuda en su vida cristiana. Pero no es suficiente saberlos de memoria; hay que saber en qué momento, y cómo usarlos (2 Timoteo 2:15).

B. *Distintos métodos de evangelización*

1. *La evangelización personal.* Esta es la que se efectúa a través de la comunicación directa del mensaje de salvación a las personas con quienes uno se relaciona. Hasta donde tenemos información, es el método más efectivo. Jesús evangelizó directamente a muchos.

2. *La evangelización a través de la página impresa.* Se puede evangelizar a la gente por medio de tratados, folletos, libros, porciones de la Biblia, nuevos testamentos, biblias y cartas. Este método es eficaz según Isaías 55:11 y Hechos 4:12, pero siempre debe haber alguna comunicación verbal (Hechos 8:30).

3. *La televangelización.* Esta es la que se realiza a través de la radio, la televisión, las grabaciones telefónicas y las conversaciones por teléfono. Sepa bien qué va a decir, y cómo ha de decirlo.

4. *Las campañas masivas de evangelización.* Este es quizás el método más común y tradicional. Usted puede participar en una campaña orando, llevando inconversos, testificando, cantando, sirviendo como consejero o, si está en sus habilidades, como evangelista.

C. *Cómo presentar el plan de salvación*

1. *Con cortesía.* Todo debe empezar como una cordial conversación para preparar el terreno. Deje que la otra persona también participe.

2. *Sin discusiones.* No discuta con su interlocutor, aunque usted vea la necesidad de hacerlo. Jamás se ha visto una conversión después de una acalorada discusión, a menos que el Espíritu Santo haya intervenido.

3. *Dependa totalmente de las Escrituras.* Procure primero que su interlocutor admita que la Biblia es la Palabra de Dios, ya que esta es la base del evangelismo.

4. *Sepa aplicar la Palabra de Dios.* Haga buen uso de los pasajes bíblicos. Las palabras de Dios son más poderosas que las del hombre.

5. *Sea sabio y cauteloso.* Use su testimonio personal sin extenderse a todos los detalles. Saque de su experiencia esas cosas que pueden ayudar a su interlocutor, pero que no lo aburran ni den la impresión de ponerse siempre como modelo.

6. *Presente los siete pasos de la salvación:*

(a) El hombre, a pesar de ser una criatura de Dios, se ha hecho enemigo del Creador a causa del pecado. Lea Romanos 3:23; Isaías 59:2.

(b) El pecado conduce a la condenación eterna. Lea Romanos 6:23; Apocalipsis 21:8.

(c) El ser humano no puede salvarse a sí mismo, ni por sus obras ni por su justicia personal. Lea Isaías 64:6; Hechos 4:12; Tito 3:5.

(d) Dios tomó la iniciativa enviándonos a su Hijo para que diera su vida en la cruz para salvarnos. Lea Juan 3:16; Juan 4:9.

(e) Todo lo que el pecador tiene que hacer es arrepentirse de sus pecados y creer que Jesús lo puede perdonar y salvar eternamente. Lea Hechos 3:19; Romanos 10:13.

(f) Al recibir a Cristo en su corazón, el pecador es regenerado y la Palabra de Dios nace que nazca de nuevo. Lea Juan 1:12; 2 Corintios 5:17.

(g) Ahora todo lo que tiene que hacer es confesar públicamente que Jesús es el Señor y seguir en pos de él. Lea Romanos 10:8-10; Lucas 9:23.

Si la persona decide rendir su vida a Cristo, ore con ella y luego dele toda la orientación necesaria para que empiece a crecer en el Señor. Finalmente, ayúdele a dar todos los pasos que usted ha dado para su desarrollo cristiano.

E X A M E N   D E   R E P A S O

Conteste las preguntas en papel separado:

1. ¿Qué relación hay entre las palabras «discípulo» y «disciplina»?

2. Mencione las cinco pruebas del discipulado.

3. ¿Qué significa tomar su cruz cada día?

4. Mencione los tres ejemplos negativos del discipulado.

5. ¿Qué recompensas hay para el discípulo en esta vida?

6. ¿Qué recompensa hay para el discípulo en la eternidad?

7. ¿Qué ejemplos de evangelización hay en Juan 1:40-49?

8. ¿Qué es la gran comisión?

9. ¿Ha evangelizado usted a alguien desde su conversión?

Conteste las siguientes preguntas, escribiendo en las líneas las palabras «Verdadero» o «Falso».

1. _____ Mi vida diaria es un mensaje práctico y evidente de mi relación con Dios.

2. _____ Para evangelizar se necesita una gran capacitación.

3. _____ La obra de la conversión es realizada por el Espíritu Santo.

4. _____ En la evangelización es mejor la conversación sencilla y natural que el interrogatorio mecánico.

5. _____ El mejor conversador no es el que habla mucho sino el que también escucha.

P A R A   R E F L E X I O N A R

«Ahora bien, ¿cómo invocarán a aquel en quien no han creído? ¿Y cómo creerán en aquel de quien no han oído? ¿Y cómo oirán si no hay quien les predique? ¿Y quién predicará sin ser enviado? Así está escrito: "¡Qué hermoso es recibir al mensajero que trae buenas nuevas!"» (Romanos 10:14,15).

CAPÍTULO 9

Otras actividades importantes

«Y todo lo que hagan, de palabra o de obra, háganlo en el nombre del Señor Jesús, dando gracias a Dios el Padre por medio de él» (Colosenses 3:17).

Introducción

La naturaleza y el propósito de este manual no dan lugar a una presentación total de todas las cosas que el cristiano debe saber: los detalles teológicos, litúrgicos y prácticos de la iglesia. Sin embargo, los asuntos que se presentan en este capítulo son esenciales en la vida de toda familia, por lo que se considerarán aunque sea brevemente.

I. La observancia de la Cena del Señor

A. ¿Por qué la celebramos?

Casi todas las iglesias evangélicas celebran la Cena del Señor mensualmente, aunque algunas la practican con más y otras con menos frecuencia. Hay, por lo menos, cuatro razones para observar esta ordenanza:

1. *Jesús la estableció.* Cristo instituyó la Santa Cena durante su última comida pascual con sus discípulos en Jerusalén, pocas horas antes de su muerte (Mateo 26:26-28; Marcos 14:22-25).
2. *Cristo la requirió.* Él explícitamente la requirió como una práctica continua de la iglesia: «Hagan esto en memoria de mí» (Lucas 22:19).
3. *Pablo la corroboró.* El apóstol de los gentiles recibió instrucciones directamente del Señor para que la estableciera como práctica permanente en todas las iglesias (1 Corintios 11:23,26).
4. *Tiene un gran valor espiritual.* La Cena del Señor establece puntos de contacto en la adoración a Dios y la comunión con los demás creyentes (Hechos 2:42).

B. *¿Cuál es el verdadero significado de la Cena del Señor?*

1. *Conmemora la muerte de Cristo.* El pan representa el cuerpo de Jesús, herido y clavado en la cruenta cruz. El vino representa su sangre derramada para la limpieza del pecador y la validez del nuevo pacto (Lucas 22:19-20; Hebreos 9:22).
2. *Anticipa la segunda venida de Cristo.* En este acto, el creyente no solo da una mirada retrospectiva hacia el Calvario sino también renueva en su corazón la esperanza del regreso del Señor por los suyos (Lucas 22:18; 1 Corintios 11:26).
3. *Unifica a los creyentes.* Mientras transcurre el tiempo entre la muerte y el regreso del Señor, este acto maravilloso, al que muchos le dan el nombre de «comunión» (1 Corintios 10:16, 17), une a los creyentes. En la iglesia primitiva esta ceremonia se realizaba en conjunto con la comida social o fiesta *ágape* (de amor) que se tenía en las reuniones semanales (Hechos 2:42,46).

C. *¿Para quiénes es la Cena del Señor?*

1. *Para todos los que están en comunión.* De este acto hermoso deben participar todos los cristianos que sientan estar en comunión con el Señor y con los demás creyentes. Para los

miembros de la iglesia este es, tanto un deber como un privilegio. Los visitantes también pueden participar si están en la fe y su testimonio es bueno.

2. *Para los que tienen una conciencia limpia.* Si alguien no está a cuentas con el Señor, o tiene algo oculto en su vida, debe abstenerse y apresurarse a mejorar su vida delante de Dios (1 Corintios 11:27-32). Los niños muy pequeños y los que no entienden el significado de este acto, no deben participar.

D. *La misa y la transustanciación no son bíblicas*

1. *Una doctrina católica.* Los católicos aseguran que cuando el sacerdote consagra los elementos en la misa o *eucaristía*, el pan se convierte en la carne física y el vino en la sangre física de Jesús. Esto se conoce entre ellos como «transustanciación», o cambio de sustancia. Creen que cada vez que se celebra la misa se está sacrificando nuevamente al Señor.

2. *Eso contradice el sentido bíblico.* El acto que Jesús instituyó es simbólico, no literal; es espiritual, no material. Los elementos son símbolos únicamente. Cuando Jesús dijo «esto es mi cuerpo» y «esto es mi sangre» (Mateo 26:26,28), estaba frente a ellos y nadie pensó en comerse físicamente al Maestro.

3. *Jesús no muere muchas veces.* Jesús murió «una sola vez» (Hebreos 9:28). El sacrificio de Cristo fue perfecto, por lo que se realizó una sola vez, «y no vez tras vez» (Hebreos 9:25), «porque con un solo sacrificio ha hecho perfectos para siempre a los que está santificando» (Hebreos 10:14).

E X A M E N   D E   R E P A S O

Anota después de cada cita, la letra de la frase que corresponde:

1. Lucas 22:19 _____

2. 1 Corintios 11:23,26 ____

3. Lucas 22:18; 1 Corintios 11:26 ____

4. Mateo 26:26-28 ____

5. Lucas 22:19,20; Hebreos 9:22 ____

6. Hechos 2:42 ____

7. 1 Corintios 10:16,17 ____

    (a) Pablo recibió instrucciones sobre la santa cena.

    (b) Cristo instituyó la santa cena.

    (c) Cristo ordenó que se celebrara la santa cena.

    (d) Anticipa la segunda venida de Cristo.

    (e) La santa cena provee un ambiente de adoración y comunión.

    (f) Une a los creyentes con Cristo.

    (g) Conmemora la muerte del Señor.

P A R A   R E F L E X I O N A R

    «Santa cena para mí eres memorial aquí;
    tú me enseñas con verdad el misterio de bondad;
    me recuerdas de la cruz, del Cordero, mi Jesús».

II. La presentación de niños en la iglesia

A. *El bautismo de un niño no es válido ni necesario*

1. *No hay razón para el bautismo infantil.* La presentación de un niño no equivale al bautismo en agua. El bautismo solo debe administrarse a los que se han arrepentido y creído de todo corazón en Jesucristo (Hechos 2:38; 8:37).

2. *No es necesario el bautismo infantil.* Por otra parte, los cristianos no presentan a sus niños para que sean salvos. Los niños, hasta cierta edad, no pueden considerarse como pecadores, porque «comete pecado todo el que sabe hacer el bien y

no lo hace» (Santiago 4:17). Los infantes no son responsables de sus hechos hasta que llegan a cierta edad y son conscientes de lo que hacen.

B. *Los padres dedican a sus hijos como ofrenda al Señor*

1. *Este no es un mandamiento.* No hay en la Biblia mandamientos específicos para que los padres cristianos traigan a sus hijos a la iglesia para presentarlos. Las madres judías presentaban una ofrenda de purificación cierto tiempo después del parto. Pero eso tenía que ver más con la madre que con el niño. Jesús fue presentado por sus padres. «Cuando se cumplió el tiempo en que, según la ley de Moisés, ellos debían purificarse, José y María llevaron al niño a Jerusalén para presentarlo al Señor» (Lucas 2:22).

2. *El acto cristiano es voluntario.* Lo más cercano a esta costumbre es el noble hecho de Ana de traer a su hijo Samuel para dedicarlo a Dios para toda su vida (1 Samuel 1:27,28). Otro cuadro inspirador de la bendición de los niños en la iglesia surge del ministerio de Jesús, cuando «llevaron unos niños a Jesús para que les impusiera las manos y orara por ellos, pero los discípulos reprendían a quienes los llevaban. Jesús dijo: "Dejen que los niños vengan a mí, y no se lo impidan, porque el reino de los cielos es de quienes son como ellos." Después de poner las manos sobre ellos, se fue de allí» (Mateo 19:13-15).

3. *Es un acto de consagración familiar.* La actitud de los padres al dedicar a sus hijos al Señor es más bien una demostración de su amor y lealtad a Dios al entregar a él lo más querido. También lo hacen como una muestra de consagración familiar al comprometerse a cuidar y guiar en la fe cristiana a esos niños que Dios les ha encomendado.

E X A M E N   D E   R E P A S O

Revise lo que se ha explicado y responda con las palabras «Verdadero» o «Falso»:

1. _____ La presentación de un niño equivale a su bautismo en agua.

2. _____ La presentación de un niño equivale a la obra de salvación.

3. _____ Los padres dedican a sus hijos como ofrenda voluntaria al Señor.

4. _____ Los niños no son importantes para Dios ni deben ser traídos a la iglesia, hasta que crezcan.

5. _____ El dedicar a los niños es una demostración de amor a Dios y compromiso de consagración familiar.

P A R A   R E F L E X I O N A R

Varios papeles deben desempeñar los padres en el hogar, según la Biblia: (a) Son proveedores, porque es su deber suplir las necesidades de sus hijos. (b) Son maestros, porque enseñan, por precepto y por ejemplo, la vida cristiana a sus hijos. (c) Son sacerdotes, porque tienen el deber de hablar de Dios a sus hijos y ministrarles en el altar familiar.

III. Importancia de la Escuela Dominical y la educación cristiana

A. *La necesidad de un programa de educación cristiana*

1. *¿Qué entendemos por educación cristiana y Escuela Dominical? Como se ha venido indicando en los capítulos anteriores, la fe y la experiencia cristianas tienen su base y*

*desarrollo en la lectura, el estudio, la aplicación y exposi-
ción de la revelación divina, registrada en las sagradas
Escrituras.* Tanto en el Antiguo como en el Nuevo Testamento se exhorta y requiere al creyente que sea diligente en el estudio de la Palabra de Dios (Deuteronomio 6:6-9; Nehemías
8:8; Juan 5:39; 2 Timoteo 2:15). La escuela bíblica dominical
es uno de los mejores programas en educación cristiana. Se
llama escuela porque su objetivo es enseñar. Se llama bíblica
porque su libro de texto es la Biblia, y todos los materiales que
se usan en ella vienen de la Palabra de Dios. Se llama dominical porque se lleva a cabo los domingos, aunque también se
puede tener en otro día de la semana.

2. *La Escuela Dominical complementa lo que se recibe en los
servicios.* Los sermones, los estudios devocionales y todas
las otras actividades de la iglesia proveen alguna instrucción
bíblica, pero no es suficiente. El cristiano necesita crecer en
el conocimiento de la Palabra de Dios. Las clases bíblicas do-
minicales han sido un medio eficaz para el desarrollo de los
creyentes y la evangelización de los inconversos.

3. *La Escuela Dominical ofrece bellas oportunidades.* Este plan
también es necesario para dar oportunidad a un buen número de cristianos para que se inicien en el ministerio local, sirviendo como oficiales o maestros. Si la iglesia a la que usted
asiste tiene una Escuela Dominical, ofrezca sus servicios de
acuerdo con sus capacidades.

B. *Los objetivos de la Escuela Dominical*

1. *El objetivo evangelístico: Ganar a los perdidos para Cristo.*
   Muchas personas que quizás no pueden o no quieren asistir a
   un servicio formal de la iglesia, fácilmente podrían aceptar la
   invitación a una clase bíblica. Miles han aceptado al Señor en
   el contexto de un estudio dominical.

2. *El objetivo educacional: Enseñar la santa Palabra de Dios.*
   El mandato de Cristo: «Escudriñad las Escrituras» (Juan
   5:39, RVR60) es la base fundamental de esta organización de

la iglesia local. A ella acuden todos los creyentes, domingo tras domingo, unos como maestros, otros como alumnos, pero todos con el afán de aprender más de Dios.

3. *El objetivo social: Servir a toda la iglesia y la comunidad.* Cristo demanda el servicio de todos sus seguidores, poniéndose a sí mismo como ejemplo (Marcos 10:44,45). A través de la Escuela Dominical usted puede participar en los distintos proyectos dentro y fuera del templo, especialmente los de servicio social.

C. *La organización de la Escuela Dominical*

1. *Oficiales.* Los oficiales de la Escuela Dominical son un superintendente, un ayudante, un secretario y un tesorero. Si la asistencia es numerosa será necesario dividirla en tres departamentos: adultos, jóvenes y niños. En cada departamento debe haber un comité formado por el mismo número de oficiales mencionados arriba.

2. *Maestros.* Los maestros de la Escuela Dominical se capacitan dentro de la misma iglesia para servir voluntariamente en la docencia cristiana. Cada departamento debe organizar varias clases con el menos número posible de alumnos. Para cada clase debe nombrarse un maestro y un ayudante. Cada clase deberá formar los grupos y comités que sean necesarios para la realización de sus actividades semanales y proyectos especiales. Como usted ve, hay mucho que hacer. «La mies es mucha, y los obreros, pocos». ¡Prepárese para participar en algo!

D. *Los materiales y expositores de la Escuela Dominical*

1. *La calidad de la literatura.* Para que este ministerio sea efectivo es necesario proveer a maestros y alumnos la mejor literatura: expositores y guías de la Escuela Dominical. Es deber del pastor examinar los materiales que se están usando en su Escuela Dominical. Dichos manuales deben ser bíblicos, evangelísticos y de orientación doctrinal sana.

2. *Los maestros y alumnos deben leer su manual.* Hay que se-

ñalar que aunque los materiales sean de buena calidad, si los maestros y alumnos no los leen ni hacen el mejor uso de ellos, todo es en vano. El maestro debe prepararse durante toda la semana. Los alumnos deben estar preparados para participar del proceso enseñanza aprendizaje.

E X A M E N   D E   R E P A S O

Conteste las preguntas en papel separado:

1. Escriba dos razones por las que la escuela bíblica dominical es importante.

2. ¿Cuál es el objetivo evangelístico de la Escuela Dominical?

3. ¿Qué citas bíblicas establecen las bases de la Escuela Dominical?

4. ¿Cuáles son los dos aspectos del objetivo social de la Escuela Dominical?

5. ¿Cómo cree usted que puede servir en la Escuela Dominical?

P A R A   R E F L E X I O N A R

Los objetivos de la Escuela Dominical: (a) evangelizar, (b) enseñar la Palabra de Dios, (c) edificar a los creyentes, (d) prepararlos para el servicio cristiano (e) cumplir la gran comisión (Mateo 28:19,20).

IV. El altar familiar: su importancia y su práctica

A. ¿Por qué se debe tener un culto devocional en el hogar?

1. *Fortalece la fe de la familia.* La familia es la unidad básica de la iglesia, la sociedad y la comunidad en general. Dios

mismo estableció la familia y le reveló su voluntad a través de su Palabra. La fe en Cristo es lo único que puede mantener la unidad de la familia. La adoración y la lectura bíblica son esenciales para mantener la fe.

2. *Unifica a la familia.* La comunicación es indispensable para la buena marcha de la familia cristiana. En los momentos devocionales no solo nos comunicamos con el Señor sino también se da la oportunidad de comunicarnos con los demás miembros de la familia.

3. *Prepara a los hijos para enfrentarse al mundo.* El altar familiar es el mejor plan para fomentar el amor a Dios y al prójimo en los hijos (Deuteronomio 6:6-9). Es una actitud que se demanda en la Palabra de Dios (Josué 24:15; Efesios 6:4).

B. *Sugerencias para conducir el culto familiar*

1. *Los padres deben dirigirlo.* Especialmente el jefe de la familia debe encargarse de la dirección del culto familiar. Pero siempre debe darse oportunidad a los hijos de que participen con la lectura bíblica, un comentario, preguntas, oraciones, etcétera.

2. *El uso de guías devocionales.* Da muy buen resultado el uso de un libro mensual o anual de devocionales. Estos traen un pasaje bíblico y pensamientos sobre un tema distinto para cada día.

3. *El uso de la Biblia.* Si no se usa un libro devocional, será deber del padre o la madre seleccionar un pasaje y hacer comentarios sobre el mismo antes de orar.

4. *La orientación de los hijos.* Aprovéchese cualquier oportunidad para hablar con la familia sobre los conceptos bíblicos con relación a las distintas necesidades, los temas de actualidad y los problemas comunes de la familia.

5. *La intercesión familiar.* Téngase una lista de necesidades por las cuales orar en conjunto o individualmente. Esta es una manera práctica de cultivar la fe para buscar la ayuda y dirección de Dios.

6. *El horario.* La hora, la duración y el programa de los devocionales deberán ser establecidos de acuerdo con las necesidades y posibilidades de la familia.

E X A M E N D E R E P A S O

Analice y responda estas preguntas por escrito:

1. Explique qué es la Escuela Dominical y por qué se debe llevar a cabo.

2. ¿Cuál es el objetivo evangelístico de la Escuela Dominical?

3. ¿Quiere usted participar en la Escuela Dominical? ¿Cómo?

4. ¿Ya está usted disfrutando de las bendiciones del culto familiar?

Complete estas oraciones escribiendo la palabra que debe ir en cada línea:

1. La _____ y la _____ son esenciales para mantener la fe.

2. La _____ es indispensable para la buena marcha de la familia cristiana.

3. El _____ es una demanda de la Palabra de Dios (Josué 24:15, Efesios 6:4).

4. Los _____ deben encargarse de la dirección del culto familiar.

5. El horario, la duración y el programa del altar familiar deberán ser establecidos de acuerdo a las _____ y las _____ de la familia.

Nos agradaría recibir noticias suyas.
Por favor, envíe sus comentarios sobre este libro
a la dirección que aparece a continuación.
Muchas gracias.

Editorial Vida
7500 NW 25 Street, Suite 239
Miami, Florida 33122

Vidapub.sales@zondervan.com
http://www.editorialvida.com